Brendan Simms

DER LÄNGSTE NACHMITTAG

Edition der
Carl Friedrich von Siemens
Stiftung

Brendan Simms

DER LÄNGSTE NACHMITTAG

~

400 Deutsche, Napoleon und die Entscheidung von Waterloo

Aus dem Englischen
von Wiebke Meier

C.H.Beck

Für Hugh

Mit 16 Abbildungen und 2 Karten

Gesetzt aus der Dante MT bei Fotosatz Amann, Memmingen
Druck und Bindung: GGP Media GmbH, Pößneck
Umschlaggestaltung: Anzinger | Wüschner | Rasp, München
Umschlagabbildung: Die Verteidigung des Meierhofs La Haye Sainte bei Waterloo am 18. Juni 1815 (Ausschnitt), Gemälde von Adolf Northen (1828–1876), © akg-images / Erich Lessing
Gedruckt auf säurefreiem, alterungsbeständigem Papier (hergestellt aus chlorfrei gebleichtem Zellstoff)
Printed in Germany
ISBN 978 3 406 67003 9

www.beck.de

When thou hast reached La Haye, survey it well,
Here was the heat and centre of the strife;
This point must Britain hold whate'er befell,
And here both armies were profuse of life:
Once it was lost, … and then a stander by
Belike had trembled for the victory.

Robert Southey, The Poet's Pilgrimage to Waterloo (1816)

~

Hast du La Haye erreicht, betracht es wohl,
Hier waren Glut und Kern des Kampfes;
Diesen Ort musste England halten, um jeden Preis,
Und hier vergeudeten beide Armeen Leben:
Einmal war er verloren … danach hatte wohl
Ein Zuschauer um den Sieg gebangt.

Inhalt

~

Anhang

Vorwort

~

Obwohl zweihundert Jahre vergangen sind und im zwanzigsten Jahrhundert Blut in vorher unvorstellbarem Ausmaß vergossen wurde, ist das Echo auf die Schlacht von Waterloo nicht geringer geworden.[1] Überall auf der Welt legen zahllose Städte, Bahnhöfe und Denkmäler davon Zeugnis ab. In die englische wie die deutsche Sprache hat der Ausdruck «sein Waterloo erleben» Eingang gefunden, und der Eurovision-Gewinnersong der Pop-Gruppe ABBA hat ihn gleichsam verewigt. Ihm ist es zu verdanken, dass eine ganze Generation von Teenagern wusste – auch wenn das meistens alles war, was sie darüber wusste –, dass «Napoleon sich bei Waterloo ergeben» hat. Obwohl die Schlacht den Krieg nicht unmittelbar beendete, war sie doch von so großer Bedeutung, dass der Name zum Inbegriff einer vernichtenden Niederlage geworden ist.

«Waterloo», schreibt Victor Hugo, «ist keine Schlacht, es ist die veränderte Gestaltung der Welt.»[2] Der Historiker Jeremy Black behauptet, Waterloo habe «die westliche Frage gelöst», nämlich ob Europa fortan von Frankreich oder von einer losen Vereinigung unabhängiger Staaten beherrscht werden würde, deren Gleichgewicht Großbritannien und dessen Verbündete auf dem Kontinent garantierten. Dieser Punkt machte die Schlacht, wie der britische Finanzminister

George Osborne kürzlich halb im Scherz und halb im Ernst gegenüber seinem Labour-Vorgänger äußerte, «zu einem eindrucksvollen Sieg der Koalitionskräfte über ein altes, diskreditiertes Regime, das Millionen ins Elend gestürzt hatte».[3] Und ohne das preußische Eingreifen «würden wir heute alle Französisch sprechen», behauptet Ben Macintyre in der *Times*.[4]

Schon für die Zeitgenossen stand die Bedeutung der Auseinandersetzung außer Frage. Im Februar 1815 hatte Napoleon durch seine Flucht aus dem Exil auf Elba Europa erneut in einen Krieg gestürzt, und selbst wenn die Schlacht von Waterloo verloren gegangen wäre, hätten Russen und Österreicher Napoleon am Ende vielleicht doch gefügig gemacht. Dessen konnte man sich aber nicht wirklich sicher sein, und darum richteten sich aller Augen auf die alliierte Armee in Belgien. «Die Rettung der Welt liegt abermals bei Ihnen», sagte Zar Alexander zu dem Befehlshaber der Alliierten, dem Herzog von Wellington, bevor dieser aufbrach.[5] Kurz nach der Schlacht bezeichnete der Dichter Byron in *Childe Harold's Pilgrimage* Waterloo als eine «Schädelstätte», auf der die «vereinten Nationen» über den französischen Tyrannen gesiegt hatten.[6] Damit gab er dem Begriff «vereinte Nationen» einen neuen Sinn. Zwar hatte Napoleon schon früher Truppenkontingente aus allen Teilen des Kontinents kommandiert, so dass man von der Schlacht bei Leipzig 1813 mit Fug und Recht sagen konnte, die eine Hälfte Europas habe gegen die andere gekämpft – bei Waterloo bestand seine Streitmacht jedoch fast ausschließlich aus Franzosen. Dagegen war die alliierte Armee bei Waterloo durch und durch multinational, und die Briten vervollständigten lediglich die bunte Vielfalt von Wellingtons Männern. Byrons Bild von den «vereinten Nationen», die über die Tyrannei triumphieren, erwies sich als so wirkungsmächtig, dass Winston Churchill und Franklin Delano Roosevelt es aufgriffen und damit die Struktur einer neuen Weltordnung bezeichneten, die heute noch besteht.

Man hat das Drama der Schlacht häufig erzählt und gut erzählt. Ein entscheidender Aspekt ist bisher jedoch relativ wenig beachtet worden: die heldenhafte Verteidigung des Meierhofes von La Haye Sainte im Zentrum der alliierten Linien durch die Männer des 2. leichten Bataillons der Königlich Deutschen Legion. Dank der Verfügbarkeit neuer Quellen, einschließlich unveröffentlichter Materialien aus hannoverschen Archiven, wissen wir jetzt sehr viel mehr über diese etwa 400 Schützen, die von einer Kombination aus ideologischer Opposition zu Napoleons Tyrannei, dynastischer Loyalität zum König von England, deutschem Patriotismus, Kameradschaft im Regiment, persönlichen Freundschaften und Berufsethos angetrieben wurden. Diese Männer und ihre Verstärkungen hielten Napoleon lange genug auf, um der Schlacht die entscheidende Wendung zu geben. Hier wird ihre Geschichte erzählt.

KAPITEL I

Vorspiel

Belgien, früher Nachmittag, Samstag, 17. Juni 1815. Am Vortag haben die Franzosen Marschall Blüchers Preußen bei Ligny und die verbündete Armee des Herzogs von Wellington an der Straßenkreuzung von Quatre Bras geschlagen. Nun will Napoleon Wellingtons zurückweichende Armee so schnell wie möglich vernichten, bevor diese sich mit Blücher vereinigen kann.

~

Glücklicherweise hatten die Schützen des 2. leichten Bataillons der Königlich Deutschen Legion am Vortag die Schlacht bei Quatre Bras verpasst,[1] sie wurden aber Zeugen ihrer schrecklichen Auswirkungen. Der Schütze Friedrich Lindau beschreibt sie mit folgenden Worten: «Es war ein entsetzliches Leichenfeld, welches im eigentlichen Sinne im Blute schwamm, das uns bei jedem Schritte bis über die Knöchel ging.»[2] Der allgemeine Eindruck war, wie Leutnant Emanuel Biedermann sich erinnerte, dass Napoleon die alliierte Armee «unerwartet» beim Mittagsschlaf «überrascht» hatte.[3] Entgegen einer verbreiteten Legende trug aber kein Offizier noch die Kleider, die er ein paar Tage zuvor auf dem Ball der Herzogin von Richmond in Brüssel getragen hatte.[4] Etwa um 14 Uhr wurde das 2. leichte Bataillon angewiesen, die Plänkler, die die nachdrängenden Franzosen abwehrten, zu entlasten, und zog sich zurück. Gemeinsam mit den Schützen des britischen 95. Regiments[5] bildete es die Nachhut für die gesamte alliierte Armee. «Sehr hungrig und ermattet» rasteten die Deutschen auf einer Wiese in der Nähe von Genappe.[6] Obwohl man ihnen mitteilte, sie hätten sich auf eine französische Attacke einzustellen, schliefen die meisten Männer sofort ein. Bald wurden sie jedoch durch ein plötzliches «Donnerwetter und einen wolkenbruchartigen Regen» geweckt. Dann galoppierte eine Abordnung Braunschweiger Husaren heran und forderte sie auf, schleunigst das Feld zu räumen, da der Feind im Begriff stand, sie von allen Seiten zu umzingeln. Im Schnellschritt zogen die Deutschen nun durch in Bäche verwandelte Hohlwege und schlammige Kornfelder zu der nach Brüssel führenden Heerstraße ab.[7] Als sie hinter Genappe waren – wo ihnen «das Wasser bis an die Knie»[8] stand –, erhielt das Bataillon den Befehl, die Straße für zurückweichende alliierte Kavallerie und Artillerie frei zu machen. Also setzten die Schützen ihren Marsch auf beiden Seiten der Straße durch die Felder fort, inmitten von hohem Korn und über einen vom Regen aufgeweichten Boden.

Während sie mühsam nordwärts stapften, drängten die Deutschen sich enger zusammen, um so wenig wie möglich dem strömenden Regen ausgesetzt zu sein. Unter einem bleiernen Himmel erhellten Blitze und das Aufleuchten der Artillerie den Horizont, und das Dröhnen des Donners und das Krachen der Geschütze rollte über die Felder. In regelmäßigen Abständen stürmten alliierte Reiter an ihnen vorbei, um die vordringende französische Kavallerie und Plänkler aufzuhalten. Die Reiter waren am Ende des Tages so verschmutzt, dass die Schützen an den Uniformen nicht mehr erkennen konnten, ob sie Freund oder Feind waren.

La Haye Sainte an der Straße Brüssel–Charleroi, um 1815. Diese Ansicht ist vermutlich erst nach der Schlacht bei Waterloo entstanden.

Zeitweise kamen die Franzosen bis auf hundert Schritt an die Deutschen heran. Um die feindliche Kavallerie abzuwehren, war das Bataillon mehr als einmal gezwungen, zu halten und im Karree Aufstellung zu nehmen, die Flanken starrend von Säbelbajonetten. Die Soldaten wären sehr erstaunt gewesen, wenn sie in Wellingtons späterem Bericht gelesen hätten, der Feind habe nach der Schlacht bei Quatre Bras «nicht versucht, den Rückmarsch zu behindern».[9]

Allerdings erging es den Deutschen immer noch besser als den unglücklichen belgischen Zivilisten, die versuchten, den vorrückenden Franzosen zu entkommen. Leutnant Emanuel Biedermann empfand Mitleid, als er sah, wie die «Männer, ihr Vieh vor sich hertreibend, andere mit Bündeln bepackt, Weiber ihre Kinder tragend und nachziehend, … jammernd und weinend» flohen.[10]

Am Abend des 17. Juni, etwa gegen 19.30 Uhr, erreichten

die ersten Schützen die Anhöhe des Mont St. Jean in der Nähe des Dorfes Waterloo. Bei der Ankunft der letzten Soldaten war es bereits dunkel, obwohl der Nachthimmel hin und wieder von Mündungsblitzen erhellt wurde und die Luft von Gewehrschüssen und Befehlsrufen erfüllt war, als die zurückweichenden Kolonnen an der Straßenkreuzung kurz hinter dem ansehnlichen Gutshof von La Haye Sainte, der an der Straße Brüssel–Charleroi lag und entweder nach der Dornenkrone Jesu oder nach der Brombeerhecke einer nahe gelegenen Wiese benannt war, neu aufgestellt wurden. Noch später war es, als die ungefähr vierhundert Deutschen den Befehl erhielten, den Hof zu besetzen.[11] Der Rückzug war beendet.

La Haye Sainte, der Meierhof, in dem das 2. leichte Bataillon seine berühmteste Tat vollbringen sollte, bestand aus Kuh- und Pferdeställen, einem Schweinestall, einem stattlichen Wohnhaus, einer niedrigen Mauer und einem Teich, gruppiert um einen kleinen Innenhof. Es handelte sich um einen in der Gegend recht verbreiteten Gebäudetyp. Der Bauer und seine Familie waren geflohen. Das Wohnhaus war sehr groß, hatte stellenweise meterdicke Wände und hohe Decken. Im ersten Stock befanden sich große Gaubenfenster, in dem Stock darüber, der keine Fenster hatte, lagerten Heu und Stroh. Zwischen den Ställen führte ein schmaler Verbindungsweg zu den Feldern auf der westlichen Seite; das Haupttor und eine Pforte ermöglichten einen Zugang zur Straße im Osten. Ein Durchgang und zwei Türen öffneten sich auf den Küchengarten unmittelbar nördlich des Hauses. Dessen nördlicher und westlicher Teil waren von einer Hecke umgeben, sein östlicher Teil, der sich zur Straße hin erstreckte, von einer Mauer; im Garten befanden sich ein Brunnen und ein Schuppen. Genau im Süden der Hauptge-

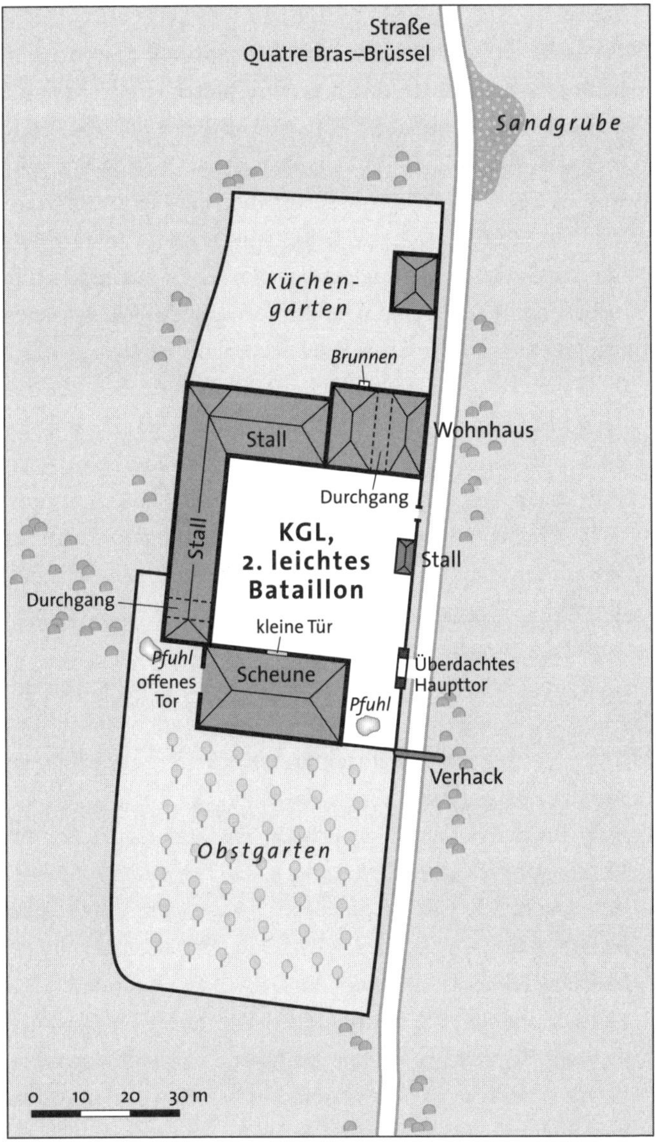
Straße
Quatre Bras–Brüssel
Sandgrube
Küchen-
garten
Brunnen
Stall
Wohnhaus
Durchgang
Stall
KGL,
2. leichtes
Bataillon
Stall
Durchgang
kleine Tür
Pfuhl
offenes
Tor
Scheune
Überdachtes
Haupttor
Pfuhl
Verhack
Obstgarten
0 10 20 30 m

bäude lag ein ausgedehnter Obstgarten, der an drei Seiten ebenfalls von einer Hecke eingefasst war und dessen vierte Seite eine geräumige (etwa dreißig Meter lange) Scheune und eine niedrige Mauer bildeten, durch die ein Tor auf den Innenhof führte. Die Gebäude waren nicht beschädigt, aber weil La Haye Sainte unmittelbar neben der Hauptrückzugslinie der Alliierten lag, war das Gehöft bereits von durchziehenden Soldaten geplündert worden. Die Soldaten hatten insbesondere das sich auf das links liegende Feld öffnende Scheunentor niedergerissen, um Feuerholz für einige der an die Tausende zählenden elenden Männer zu haben, die auf dem umliegenden Land kampierten. Ein Hauptmann des 95. Schützenregiments auf der anderen Straßenseite, Jonathan Leach, beschreibt den Boden zum Schlafen als so morastig wie einen «Schnepfensumpf». Auch für den Schützen Simon Lehmann des 1. leichten Bataillons muss die Nacht, die er im Hohlweg hinter dem Hof verbrachte, äußerst ungemütlich gewesen sein.[12]

Zum Pech für die Deutschen war der größte Teil des Heus aus den Scheunen schon weggeschafft worden. Die Tiere wurden jetzt geschlachtet, und das Fleisch teilte man mit dem benachbarten Linienbataillon der Legion; nur das Kalb im Schweinestall übersahen die Schützen.[13] An der Verpflegung zeigten die Männer zunächst wenig Interesse: Im Augenblick war es für sie das wichtigste, trocken zu bleiben oder zu werden. Die Glücklicheren konnten innerhalb der Gebäude Schutz finden. Der Soldat Friedrich Lindau zog ein schlechtes Los und gehörte so zu den vom Glück weniger Begünstigten. Seine Kompanie wurde in den Obstgarten geschickt, in dem es keinerlei Schutz vor den Naturgewalten gab und wo sie dem Feind so nahe waren, dass sie kein Feuer machen durften. Immerhin gelang es Lindau, eine Tasche voll Erbsen, die er im Wohnhaus fand, mitgehen zu lassen.

Die meisten Schützen verfielen in Lethargie, ihre Sinne waren betäubt von Müdigkeit, Hunger und dem unaufhörlichen Regen. Anstatt sich in der Feuchtigkeit hinzulegen, lehnten sie an Mauern und Bäumen oder saßen auf ihren Tornistern und starrten ins Leere. Außerhalb der Hauptgebäude versuchten nur wenige, Feuer zu machen – zugegeben kein leichtes Unterfangen in dem Platzregen – oder das frische Fleisch, das ihnen zugeteilt worden war, zu kochen. Stattdessen wärmten sie sich mit Alkohol. Der unternehmungslustige Lindau schlich in den Keller und füllte dort seine Feldflasche mit Wein, den er mit seinen Kameraden und Soldaten des in der Nähe stationierten 1. leichten Bataillons teilte. Es dauerte nicht lange, bis Deutsche, die etwas weiter weg biwakierten, wie der Obergefreite Meyer des Bremer Feldbataillons, herüberkamen, um sich gleichfalls etwas zu trinken zu holen. Wiederholte Ausflüge in den Keller stellten sicher, dass die Männer im Obstgarten und wahrscheinlich der größte Teil der Besatzung für die Nacht ausreichend mit Alkohol versorgt waren. Schließlich legte Lindau sich am äußersten Ende des Obstgartens im Angesicht des Feindes mit griffbereiter Büchse zum Schlafen nieder. Leutnant Biedermann, der ebenfalls unter den Bäumen zu schlafen versuchte, erinnert sich, dass «auf das Getümmel des Tages ... Ruhe und tiefe Stille» folgten.[14]

Auf der anderen Seite des Tals bereiteten sich die nachfolgenden Franzosen ebenfalls auf die Nachtruhe vor. Unter ihnen befanden sich zahlreiche Veteranen Napoleons, die sich bereits viele Jahre bewährt hatten, andere waren junge Rekruten.[15] Sie waren häufig von glühender Loyalität gegenüber dem Kaiser erfüllt. Zwei Tage vor der Schlacht beobachteten die vorrückenden Kolonnen «einen jungen Soldaten oder vielmehr den Rumpf eines Mannes», der beide Beine durch eine Kanonenkugel verloren und schwere Gesichts- und Brustverletzungen hatte, die noch nicht verheilt waren. Beim Anblick seiner Kameraden hob der Unglückliche die Hände empor und rief: «Es lebe der Kaiser! Ich habe beide Beine verloren, aber das ist mir egal. Der Sieg ist unser! Es lebe der Kaiser!»[16] Wie ihre deutschen Gegner verbrachten auch die Franzosen Nachmittag und Abend des 17. Juni im Regen. «Die Nacht war schrecklich», erinnert sich der französische Befehlshaber gegenüber von La Haye Sainte, «es regnete in Strömen, was das Manövrieren mit der Artillerie sehr erschwerte. Die Männer hatten die Nacht ohne Schutz verbracht, und niemand hatte ein Feuer machen können.»[17] Es war zu nass, um zu kochen; also hielten sich Männer wie der Obergefreite Canler vom 28. Linienregiment an das Schaf, das sie in der Nähe eingefangen und am Morgen gebraten, sowie an das kleine Stück Butter, das sie am Tag zuvor ergattert hatten.[18] Er und seine Kameraden waren Teil von Bourgeois' 2. Brigade aus der 1. Division von Alix, einer von vier Divisionen aus dem Ersten Korps von d'Erlon. Wie die Deutschen von La Haye Sainte hatten auch d'Erlons Männer am Kampf bei Quatre Bras nicht teilgenommen und den Tag aufgrund widersprüchlicher Befehle mit fruchtlosen Vor- und Rückmärschen vergeudet. Nachdem er von Napoleon gerügt worden war – seiner Erinnerung nach in einem sehr «ärgerlichen Ton» –, war d'Erlon entschlossen, nicht noch einmal Anlass zum Tadel zu geben.[19]

~

Als die Schützen in La Haye Sainte ihr Nachtlager aufschlugen, wussten sie, dass ihnen wahrscheinlich eine größere Kampfhandlung bevorstünde, sobald die französische Hauptstreitmacht einträfe. Leutnant Biedermann erinnert sich, dass er in dieser Nacht viele Männer in ernste Gedanken versunken sah. «Auch ich frug:», schreibt er, «Wirst du wohl die Heimath und deine Theuern wieder sehen; oder rafft wohl auch dich ein feindliches Schwerdt aus diesem unruhigen Leben hinweg? ... So an der Pforte des Todes erscheint einem das Vergangene und die Zukunft in weit ernsterm Licht als sonst.»[20] Doch weder Biedermann oder Lindau noch der Rest des Bataillons konnte vorhersehen, in welchem Ausmaß sie am folgenden Tag auf die Probe gestellt werden würden.

KAPITEL 2

Für König und Vaterland

~

Die Deutschen des 2. leichten Bataillons hatten schon einen weiten Weg hinter sich.[1] Sie waren nicht einfach in La Haye Sainte, «weil sie da nun einmal waren». Ihr Weg nach Waterloo hatte zwölf Jahre vorher begonnen, im Jahr 1803, als ihr norddeutsches Heimatland Hannover von Napoleon überrannt worden war.[2] Viele waren in die neue «King's German Legion (KGL)» eingetreten, die ihr Herrscher Georg III. von England, der auch Kurfürst von Hannover war, am Ende jenes Jahres gegründet hatte. Andere schlossen sich später an, um den Unbilden der französischen Besetzung zu entgehen, indem sie von Hamburg über Husum und Helgoland oder über Barth bei Stralsund in Schwedisch-Pommern nach England reisten.[3] Die zwei Schützeneinheiten – das 1. und das 2. leichte Bataillon – waren die ersten ihrer Art, die eingerichtet wurden; Linienregimenter, Artillerie- und Kavallerieeinheiten folgten später, als immer mehr Flüchtlinge vom Kontinent in England ankamen. Der Zustrom trocknete in den Jahren 1809/10 zu einem Rinnsal aus, als die Besatzungsbehörden schärfer vorgingen. In den Jahren 1811/12 wurden mehrere Hannoveraner von den Franzosen hingerichtet, weil sie für die Legion Rekruten angeworben hatten. Ursprünglich hatte man erwartet, es würden sich viele verschiedene Nationalitäten für diese Legion melden. Doch 1811 schrieb das Britische Kriegsministerium vor, dass die Legion nur «solche Personen anwerben sollte, die in Deutschland geboren sind und deutsch sprechen oder zumindest verstehen, einschließlich der aus allen deutschen, jetzt nach Frankreich eingegliederten Ländern, desgleichen diejenigen aus den Besitzungen des Hauses Österreich sowie den früher zu Russland und Holland gehörigen»; die Aufnahme von «Franzosen, Italienern, Dänen, Schweden, Russen, Spaniern oder Portugiesen» wurde ausdrücklich ausgeschlossen.[4]

In der Schlacht von Waterloo waren die Linienbataillone die am stärksten durchmischten Einheiten: Etwa fünfzig Prozent der einfachen Soldaten kamen nicht aus Hannover, sondern aus anderen deutschen Gebieten, besonders aus Preußen, und – trotz des ausdrücklichen Befehls des Kriegsministeriums – selbst aus Russland und Dänemark. In den leichten Bataillonen war der Anteil der Hannoveraner im Allgemeinen höher, dadurch waren sie homogener und hielten sehr wahrscheinlich deswegen auch fester zusammen. Abgesehen davon stammte etwa ein Drittel der Männer von La Haye Sainte (zumindest den Verlusten nach zu urteilen) aus Preußen, Bayern und anderen Teilen des Heiligen Römischen Reiches, darunter befanden sich auch Polen (wie Alexander Dobritzky von der 3. Kompanie) und Flamen (wie Baptist Charrier von der 5. Kompanie).[5] Doch allen Männern, einerlei woher sie kommen mochten, stand eine lange Odyssee bevor, als sie sich für das 2. leichte Bataillon anwerben ließen: Sie führte sie von Hannover, über das englische Ausgangslager der Legion in Bexhill an der Kanalküste, Feldzüge in Norddeutschland und Garnisonsdienste in Irland während der Jahre 1805/06, Züge ins

Soldaten der Königlich Deutschen Legion: Linieninfanterist, leichter Infanterist, Husar (von links nach rechts), Aquatinta von Charles Hamilton Smith, 1815.

Baltikum in den Jahren 1807/08, auf die Iberische Halbinsel 1808/09, an die Schelde 1809, zurück auf die Iberische Halbinsel 1811–1813, durch Südfrankreich und – im Schatten der Demobilisierung infolge von Napoleons Verbannung nach Elba – bis zu den Hängen des Mont St. Jean in Belgien.

Anders als die meisten Ausländer-Einheiten, die in den Koalitionskriegen gegen Napoleon fochten, war die Königlich Deutsche Legion Teil der regulären britischen Armee. Für diejenigen, die sich noch nicht in königlichen Diensten befanden, waren die Bestallungen bis August 1810 vorläufig und wurden dann in Anerkennung der Leistungen der Legion auf der Iberischen Halbinsel per Gesetz in dauerhafte umgewandelt. Besonders im 2. leichten Bataillon waren einige Offiziere wie die Zahlmeister Engländer;[6] ihr Bankier war die Londoner Firma Greenwood, Cox and Company in Craig's Court in Whitehall (die später in der Bank Lloyds aufging).[7] Die Befehlssprache war im Allgemeinen Englisch, ebenso die Struktur der Dienstgrade; die Männer des 2. leichten Bataillons waren standardmäßig mit Baker-Büchsen ausgerüstet und trugen dieselben charakteristischen grünen Jacken wie die Schützenregimenter der Briten.[8] Wenn sie sich in England meldeten, wurde den Rekruten das gleiche Handgeld wie anderen königlichen Untertanen ausgezahlt. Sie legten denselben Eid ab und waren – wie die offizielle Erklärung lautete – generell «denselben Vorschriften und Kriegsartikeln unterworfen wie die britischen Truppen Seiner Majestät».[9] Die Legion übernahm die englische Begeisterung für körperliche Ertüchtigungen wie Rudern, Ringen, Stockfechten und Boxen und für Mannschaftssportarten wie Fußball und Kricket.[10] Die Offiziere konnten die Vorteile einer fortschrittlichen militärischen Erziehung nutzen und durften Kurse der Artillerie in Arithmetik, Zeichnen, Geometrie, Geographie und «Feldbefestigungskunst» besuchen.[11] Als Korps dienten die Deutschen niemals alleine, sondern wurden bei Operationen immer zusammen mit anderen britischen Einheiten eingesetzt, obwohl der Divisionskommandeur bei Waterloo General von Alten war, ein Hannoveraner.[12] Dort verfügte die Legion zusammen mit den übrigen Truppen Wellingtons über eine mehr als zehnjährige Kampferfahrung.[13] Von insgesamt 30 000 Legionären, die während der Auseinandersetzung Dienst taten, fielen etwa 1300, und fast 5900 starben aufgrund anderer Ursachen.

Ungewöhnlich an den beiden leichten Bataillonen in der Legion war, dass sie weder die britischen Exerziervorschriften noch die englische Sprache vollständig übernahmen.[14] Im 2. leichten Bataillon blieb das Deutsche in Gebrauch, aber für den Wachdienst, wo es lebenswichtig war, Missverständnisse zu vermeiden, und für Paraden war das Englische vorgeschrieben. Majore und Adjutanten wurden im Hinblick auf ihre Englischkenntnisse ausgewählt. Viele Offiziere sprachen bereits fließend Englisch. Die anderen nahmen Privatunterricht, oft bei weiblichen Tutoren, wo sie bemerkenswerte Fortschritte machten. Einige Offiziere, die ihre Tagebücher auf Deutsch begonnen hatten, beendeten sie auf Englisch.[15] Häufig wechselten sie im Gespräch und in Briefen zwischen den beiden Sprachen hin und her. Ein Verzeichnis über Verluste und Neuzugänge enthält zum Beispiel bei der Kampfkraft unter «Joined» («Eingetreten») und «Total effectives» («Gesamtstärke») auch Eintragungen auf Deutsch wie «gestorben» und «ohne Pension verabschiedet».[16] Einige ältere Offiziere wie Sir Carl von Alten, der die Leichte Division in Spanien befehligte, und Sir Julius von Hartmann[17] erfanden sich selbst als eine Art englisch-deutscher Gentleman neu, indem sie Verhaltensweisen und Kleidung ihrer Gastgeber nachahmten. In den Mannschaften war es üblich, englische Vornamen anzunehmen oder zugewiesen zu bekommen: Ein Verzeichnis enthält einen John Hennes, einen Frederick Almutz und einen Henry Ebeling ebenso wie den eher deutschen Wilhelm Witz.[18] Damit war das «deutsche» 2. leichte Bataillon der Königlich Deutschen Legion bei Waterloo tatsächlich bereits zweisprachig. Heute würde man es als einen Träger «kulturellen Transfers» bezeichnen.

Die Vorgänger der Hannoveraner im achtzehnten Jahrhundert, die von England während der Schrecken der französischen Invasion im Siebenjährigen Krieg eingesetzten Hilfstruppen, hatte man als Handlanger des königlichen Despotismus verachtet.[19] Diese Ansicht war im Verlauf der Revolution und der napoleonischen Zeit in den Hintergrund gerückt, aber keineswegs ganz verschwunden.[20] Noch 1810 wurde der Radikale William Cobbett als Folge seiner Diatriben gegen die Königlich Deutsche Legion ins Gefängnis geworfen. Das war auch der Grund, warum man die Königlich Deutsche Legion mit einiger Besorgnis betrachtete, als sie zu ihrem Lager in Bexhill an der Südküste Englands marschierte und unterwegs auf Gemeindeländereien kampierte. Zwei Offiziere gingen auf dem Weg zum Wirtshaus an einigen Bauern vorbei und hörten dabei folgendes Gespräch mit an: «Wohin gehst du, Jack?», fragte einer. «Wir gehen zur Gemeindewiese, um die wilden Deutschen zu sehen», antwortete der andere.[21] Bei ihrer Rückkehr ins Lager bemerkten sie, wie die essenden Männer von erstaunten Dorfbewohnern beobachtet wurden: «Sieh mal», riefen die Dorfbewohner, «sie haben Löffel, Messer und Gabeln wie wir.» Bald wurde die Legion jedoch in der englischen Gesellschaft auf allen Ebenen akzeptiert. Besonders ihre stark ausgeprägte Musiktradition machte Eindruck auf die Bevölkerung. Viele Offiziere und einfache Soldaten heirateten ein einheimisches Mädchen.[22] Hauptmann Philip Holtzermann vom 1. leichten Bataillon, das später unmittelbar neben La Haye Sainte seine Stellung hatte, war einer von ihnen; er heiratete 1812 Mary-Ann Pumphrey, die Tochter des Zollbeamten von Bexhill. Weiter zu nennen sind beispielsweise der Schütze Henry Bush vom 2. leichten Bataillon, der im September 1810 Harriet Haselden heiratete, und der Schütze

George (Gottfried) Heinz, ebenfalls zum 2. leichten Bataillon gehörig, der im Januar 1813 die ortsansässige Mary Anne Burt ehelichte.[23] Selbst heute erinnert das Straßenbild von Bexhill on Sea, wie es jetzt heißt, weiterhin an die alte Verbindung: Die Kasernen und die Deutschen sind längst nicht mehr da, aber es gibt noch immer eine «Barrack Road», ganz in der Nähe ein «Hanover Close» und auf der alten High Street ein «Hanover House».

~

Die Legion zeichnete ein besonderes Ethos aus. Die Beziehungen zwischen Offizieren und Mannschaft waren enger als in den meisten britischen Einheiten: In der Memoirenliteratur ist der Ton auf beiden Seiten generell von Respekt und Zuneigung getragen. Das scheint auch für Offiziere englischer Herkunft gegolten zu haben, vielleicht weil sie häufig Männer mit einem weniger «gehobenen» Hintergrund waren, die sich eine Bestallung in einem der angeseheneren englischen oder schottischen Regimenter nicht leisten konnten oder diese einfach nicht erhielten. Ungewöhnlich war, dass man Offizierspatente in der Legion nicht kaufen konnte. Überdies sahen sich viele Männer in der Königlich Deutschen Legion keineswegs als kontinentale Söldner des englischen Königs, sondern als ideologische Krieger gegen Napoleon und die französische Vorherrschaft überhaupt.[24] Mit aller Entschiedenheit lehnten sie es ab, sich der französisch finanzierten «Légion Hanovrienne» anzuschließen, die ihnen eine viel bequemere Karrieremöglichkeit geboten hätte.[25] Im 2. leichten Bataillon fand sich nichts von der widerwilligen Bewunderung für «Boney», wie sie in britischen Mannschaften oft anzutreffen war, oder von ideologischen

Sympathien für das napoleonische Projekt, wie sie häufig von anderen Deutschen, zum Beispiel im Rheinland, geäußert wurden. Genauso wenig sahen sich die Mannschaften als «Abschaum der Menschheit», für den der Militärdienst einfach eine Rettung vor Armut oder dem Kerker war; aber sie betrachteten sich auch nicht bloß als ehrbare Berufssoldaten, für die der Dienst eine Lebensaufgabe bedeutete, sondern als freie Deutsche und loyale Untertanen des Kurfürsten-Königs, der sich angeboten hatte, ihr Land von der französischen Geißel zu befreien. Darin glichen sie den «Freien Franzosen» des Generals de Gaulle während des Zweiten Weltkriegs.[26]

In diesem Sinn lehnte Julius von Hartmann ab, mit den Franzosen zu kollaborieren, und verurteilte die Furchtsamkeit und Charakterlosigkeit derer, die dazu bereit waren.[27] Friedrich Heinecke, der als Werber für die Legion in Norddeutschland tätig war, sprach von der «patriotischen Gesinnung» der Männer und «ihrer mächtigen Erbitterung, gegen den Erbfeind, gegen Napoleon zu fechten und das Joch der französischen Zwingherrschaft zu brechen».[28] Ein Arzt der Legion schrieb, er verlasse seine Heimatstadt Minden, «um im freien England freier zu atmen, und mir daselbst eine Zukunft zu bereiten, während die daheim mit einem düsteren Schleier umzogen war.»[29] Gewöhnliche Soldaten wie der Schütze Friedrich Lindau vom 2. leichten Bataillon, der einen «unvertilgbaren Groll gegen Frankreich hegte»,[30] teilten diese Gefühle. Und nicht nur bei den Hannoveranern, sondern auch bei den anderen Deutschen begegnete man einem solchen Patriotismus. Selbst der Schweizer Emanuel Biedermann, ein Leutnant im 2. leichten Bataillon, sprach von seinem Wunsch, «die alles Völkerrecht höhnenden Franzosen mit Gewalt wieder herauszujagen», und hoffte, Deutsche und Schweizer könnten «nun auch bald selbst thätigen Antheil an dem Befreiungskrieg auf Vaterländischem Boden nehmen».[31] Im Gleichklang damit befanden sich die Gefühle der britischen Offiziere der Legion. So bemerkte Leutnant Edmund Wheatley vom 5. Linienbataillon, was immer seine Bedenken gegen «diese schwerfälligen selbstsüchtigen Deutschen» sein mögen, so seien sie doch alle bei Waterloo, um «Donner und Verwirrung unter den Gegnern der englischen Verfassung zu verbreiten».[32] Kurz gesagt, die Königlich Deutsche Legion war ein deutsch-englisches Hybrid, um die menschlichen Ressourcen des alten Heiligen Römischen Reiches anzuzapfen, die Franzosen zu vertreiben und die deutsche Freiheit und das europäische Gleichgewicht wiederherzustellen.

Sozial gesehen stellten die Legionäre eine sehr heterogene Gruppe dar, selbst auf die Offiziere traf das zu. Georg Hartog Gerson, der sich der Legion als Wundarzt anschloss, entstammte einer alteingesessenen jüdischen Arztfamilie aus Altona bei Hamburg. Sein Großvater hatte das jüdische Krankenhaus dort geleitet, und auch sein Vater und seine älteren Brüder waren Ärzte. Er studierte in Berlin und an der Hannoverschen Universität Göttingen, wo er im April 1810 den medizinischen Doktorgrad erlangte. Ein Jahr später, nicht lange nach seinem Eintritt in die Legion, wurde Gerson Assistenz-Wundarzt im 5. Linienbataillon der Königlich Deutschen Legion. Er diente auf der Iberischen Halbinsel und in Südfrankreich. Im Juni 1815 wurde sein Regiment Teil der 2. Infanteriebrigade der Königlich Deutschen Legion, die der legendäre Christian von Ompteda kommandierte.[33]

Den hannoverschen Kampf gegen Napoleon spiegelten die Omptedas im Kleinen wider. Christian Friedrich Wilhelm von Ompteda war Major im hannoverschen Garderegi-

Christian Friedrich Wilhelm von Ompteda (1765–1815), Kommandeur der 2. Brigade, Gemälde eines unbekannten Künstlers, entstanden um 1810.

ment, als sein Land 1803 von den Franzosen überrannt wurde. Er schloss sich der Legion sofort nach ihrer Gründung an und diente erst in Norddeutschland, dann 1807 gegen die Dänen und geriet nach einem Schiffbruch in der Nähe der holländischen Küste kurze Zeit in Gefangenschaft. Nachdem er im Oktober 1812 das Kommando des 1. leichten Bataillons übernommen hatte, zeichnete er sich in den Kämpfen in Spanien und Südfrankreich aus. Trotz einer Neigung zu Reizbarkeit und eines Nervenleidens, die ihn immer wieder zwangen, außerplanmäßigen Urlaub zu nehmen, wurde er zum Kommandeur der 2. Brigade der Königlich Deutschen Legion ernannt. Sein jüngerer Bruder Ludwig Karl Georg von Ompteda diente als hannoverscher Gesandter und kämpfte an der diplomatischen Front unermüdlich gegen Napoleon.[34] Während des Waterloo-Feldzugs war er Botschafter in Preußen, dessen Truppen Wellington in Belgien zu Hilfe eilten. Die Kriege gegen Napoleon hatten von der Familie bereits einen hohen Preis verlangt. Ein Vetter, Hauptmann Ferdinand von Ompteda, erkrankte im aktiven Dienst und starb im Oktober 1809 in Egham bei Windsor. Ein anderer Vetter, Hauptmann August von Ompteda, fiel im April 1811 in Elvas/Portugal.

Kurz bevor er zum Waterloo-Feldzug aufbrach, erfuhr Christian, dass der von ihm sehr geliebte dritte Bruder Ferdinand, ebenfalls Offizier in der Legion, nach kurzer Krankheit verstorben war.[35] «Mein theurer Ludwig», schrieb er seinem überlebenden Bruder, «ein halbes Jahrhundert hielt das Kleeblatt [das Familienemblem] zusammen.» Christian erinnerte sich an «Ferdinands stillen Sinn und [seine] zarte Behandlung von Verstimmungen, die Schicksal und zu ungleiches Gemüthe von meiner Seite einmischten», was die Brüder durch dick und dünn aufrechterhalten hatte. Nun, da Ferdinand nicht mehr unter ihnen weilte, mahnte er Ludwig: «laß unser Band desto enger und fester bestehen; laß selbst den Herbst des Lebens den nicht abgerissenen Blättern unseres Familiensymbols die lebendige Frische nicht rauben.» Der Anblick des dreiblättrigen Kleeblatts würde nun nach Christians Gefühl, «eine immerbleibende Erinnerung unseres Verlustes» darstellen.[36] In praktischer Hinsicht hieß das, er sorgte sich um die Zukunft der Söhne seines toten Bruders, dessen zwei älteste «interimistisch» im 5. Linienbataillon dienten. Christian glaubte, sie seien «gut und voll des guten Willens», aber zu jung zum Kämpfen; der Jüngste war erst vierzehn Jahre alt. Ihre Sicherheit sollte in der vor ihm liegenden Zeit seine Hauptsorge sein.

Er selbst blickte dem Kampf jedoch voll Zuversicht entgegen, da er in der Division seines «alten Freundes» Carl von Alten kämpfen würde, mit dem ihn «das Schicksal wieder zusammengeführt hatte».[37]

Die Männer in La Haye Sainte waren Teil von Omptedas 2. Brigade der Königlich Deutschen Legion. Für gewöhnlich wurde das 2. leichte Bataillon durch Oberstleutnant David Martin befehligt. Dieser war bei Waterloo jedoch nicht dabei. Sein Platz wurde von Major Georg Baring eingenommen, dem jüngsten Sohn eines hannoverschen Hofgerichtssekretärs. Baring hatte den größten Teil seiner Kindheit damit zugebracht, auf unterschiedlichste Weise zu rebellieren und gegen den von seinem Vater angeordneten Privatunterricht zu protestieren. Als er zwölf Jahre alt war, beschloss er, Soldat zu werden. Sein Vater stimmte dem unter der Bedingung zu, dass er sich der Infanterie anschloss, weil er sich die Ausstattung für ein Kavallerieregiment nicht leisten konnte. Der Dienst in der Hannoverschen Armee setzte seinen Narreteien jedoch kein Ende, und nicht alle waren vom heutigen Standpunkt aus amüsant. Unter anderem gehörte dazu ein Streich gegen «eine alte Jüdin, die kein Geld herleihen wollte»[38] und daher unter mehreren Balken begraben wurde, die man gegen ihre Türe gestellt hatte. Außerdem war er in eine Reihe von «Ehrenhändeln» um Frauen verwickelt – aus dem ersten trug er eine Armverletzung durch einen Säbel davon. In einem späteren Duell verunstaltete Baring seinen unglücklichen Gegner – den einstmals gut aussehenden Fähnrich von Dachenhausen –, indem er ihn «vom Ohr bis zum Mund» aufschlitzte.[39] Seine Feuertaufe erhielt er im September 1793 im Kampf gegen die französischen Revolutionsarmeen in Flandern, wo er so schwer verwun-

Georg Freiherr von Baring (1773–1848) in der Uniform eines Kapitäns (= Hauptmanns) im 1. leichten Infanteriebataillon der Königlich Deutschen Legion; Baring diente bis zu seiner Beförderung zum Major am 1. April 1814 im 1. leichten Bataillon, erst ab diesem Datum im 2. leichten Bataillon. Miniatur auf Elfenbein eines unbekannten Künstlers.

det wurde, dass man ihn zunächst für tot hielt. Eine feindliche Kugel durchschlug Mund und Wange und schlug ihm vier Zähne aus; noch jahrelang floss ihm Eiter aus Nase und Ohren.

Trotz seiner Erlebnisse kehrte Baring, sobald er genesen war, in den aktiven Dienst zurück. Der Zusammenbruch Hannovers im Jahr 1803 ließ ihn hilf- und ziellos zurück. Wie viele andere hatte er das Gefühl, dass er «bei den Franzosen nicht bleiben konnte» und überdies, nach sechzehn Jahren in der Armee, «nichts war und nichts hatte». Jetzt galt es, einen radikalen Entschluss zu fassen. Also beteiligte Baring sich an Rekrutierungen für die Königlich Deutsche Legion, schloss sich ihr bald auch selbst an und wurde zum Offizier ernannt. Er kämpfte in Norddeutschland, den baltischen Staaten, auf Walcheren, auf der Iberischen Halbinsel und in Südfrankreich. Im Mai 1811 zeichnete Baring sich in Spanien aus, wo er während des brutalen Kampfes um das Dorf Albuera eine leichte Verwundung erlitt. In dieser Zeit diente er als Adjutant Carl von Altens, vor dem er offenbar ziemlichen Respekt hatte. Später wurde Baring Major im 2. leichten Bataillon. Seine Männer, die ihm in die Schlacht folgten und dabei Tod und Verwundung in Kauf nahmen, scheinen ihn geliebt und respektiert zu haben. Die härteste Prüfung ihrer Loyalität stand ihnen jedoch noch bevor.

KAPITEL 3

Verhängnisvolle Fehler

~

Als der Herzog von Wellington in den frühen Morgenstunden des 18. Juni erfuhr, dass die Preußen ihm später am Tag zu Hilfe kommen würden, beschloss er, sich dem Kampf zu stellen. Er kannte das Gelände, das er erst kürzlich ausgekundschaftet hatte, gut. Obwohl Wellington einen Kampf weiter im Süden bei Rossomme vorgezogen hätte, bot die Anhöhe des Mont St. Jean, wo der Quartiermeister de Lancey den Rückzug zum Stehen gebracht hatte, ebenfalls eine ausgezeichnete Verteidigungsposition. Sie war auf beiden Seiten von Gebäuden begrenzt, die man befestigen konnte; die Hänge erlaubten es, die Infanterie gut zu verbergen, und eröffneten gleichzeitig ein gutes Schussfeld. Um sechs Uhr morgens verließ der Herzog sein Hauptquartier in Waterloo und begab sich zum Schlachtfeld. Eine Stunde später inspizierte er die alliierten Stellungen. Bestrebt, Napoleon daran zu hindern, ihm den Weg zum Meer abzuschneiden, postierte er eine große Abteilung Soldaten etwas weiter westlich bei Hal; diese etwa 18 000 Männer griffen nicht mehr in das Kampfgeschehen ein. Auf das Schlachtfeld selbst schickte er die Elitetruppe, die Gardebrigade, und zu dem bescheidenen Schloss Hougoumont und dessen Umgebung auf seiner rechten (westlichen) Flanke einige Nassauer; er

Arthur Wellesley, Herzog von Wellington (1769–1852), Gemälde von George Dawe, 1819.

war so sehr daran interessiert, diese Stellung zu halten, dass er zusätzliche Pioniereinheiten, einschließlich jener der Königlich Deutschen Legion, zur Befestigung der Gebäude dorthin abordnete. Seine linke (östliche) Flanke bildeten die Dörfer La Haye und Papelotte. Im Zentrum, auf dem vorgelagerten Hang genau im Osten von La Haye Sainte, stellte der Herzog die unerfahrene holländisch-belgische Brigade von Bijlandt auf. Den größten Teil der übrigen Armee ließ er zu beiden Seiten des Gehöfts auf den rückwärtigen Hängen entlang der Kammlinie aufmarschieren, die schwächeren Teile befanden sich auf der linken Seite, wo man die preußische Entlastungskolonne erwartete.

Das alliierte Zentrum, das entscheidende Gebiet um die Straßenkreuzung und La Haye Sainte, wurde der 3. Britischen Infanteriedivision unter dem Kommando des Generals Carl von Alten und insbesondere Omptedas 2. Brigade der Königlich Deutschen Legion zugewiesen. Die meisten Soldaten hatten bei Quatre Bras nicht mitgekämpft und waren daher relativ ausgeruht. Das 1. leichte (Schützen-) Bataillon der Königlich Deutschen Legion, kommandiert von Oberstleutnant Louis von dem Bussche, bezog unmittelbar rechts der Kreuzung Stellung, darunter der jung verheiratete Hauptmann Philip Holtzermann. Dahinter stand das 8. Linienbataillon der Legion unter Oberstleutnant von Schröder. Rechts befand sich das 5. Linienbataillon der Legion unter Oberstleutnant von Linsingen. Das leichte Bataillon Lüneburg der Hannoverschen Armee, die nach der Niederlage Napoleons 1813/14 wieder aufgebaut worden war, lag genau gegenüber. Plänkler, zu denen viele aus dem 1. leichten Bataillon der Legion gehörten, sicherten das Gebiet zwischen La Haye Sainte und Hougoumont. Barings 2. leichtes Bataillon sollte La Haye Sainte selbst halten, eine Routineaufstellung, weil die leichte Infanterie für bebautes Gelände, Kämpfe Mann gegen Mann und überhaupt für jede Aufgabe, die in normalen Militärhandbüchern nicht genau festgelegt ist, als besonders geeignet galt.

Weder Wellington noch der Truppenkommandant, der Prinz von Oranien, oder der Divisionskommandant, von Alten, scheinen dem Gehöft viel Beachtung geschenkt zu haben. Vielmehr wurden die Pioniere der Legion mit allem Gerät nach Hougoumont geschickt – ein erstaunlicher Befehl, da der Besitz des Meierhofes für die Verteidigung der Straßenkreuzung und damit des gesamten Zentrums der Alliierten entscheidend war. Zeugen erinnern sich daran, dass der Brigadekommandeur Ompteda «durch die, dort vom Korpskommando getroffenen ungenügenden Vertheidigungsanstalten, namentlich wegen der Abwesenheit jeglicher Artillerie» in La Haye Sainte «nicht befriedigt» war.[1] Er verbrachte einen Teil der Nacht in einer Sitzung mit Baring, Oberstleutnant von dem Bussche vom 1. leichten Bataillon, dem Brigadeadjutanten Major von Einem und seinem persönlichen Adjutanten, Hauptmann von Brandis, in einem Zimmer des Gehöfts, bei flackerndem Feuer und einem Teller heißer Suppe.[2] Dabei muss die Entscheidung gefallen sein, den Ort so stark als möglich zu befestigen. Weil die Pioniere der Legion für Hougoumont vorgesehen waren, erwies sich das als schwierige Aufgabe. Ompteda verließ die Wärme des Hauses und verbrachte den Rest der Nacht am Wachfeuer des Stabes des 5. Linienbataillons, eine einsame, grübelnde Gestalt.[3] Angebote, eine Wolldecke zum Schutz vor dem Wetter anzunehmen, lehnte er ab, weil die einfachen Soldaten strikte Anweisung von oben erhalten hatten, ihre Decken nicht zu verwenden, vermutlich, damit sie im Fall eines französischen Überraschungsangriffs während der Nacht schnell reagieren konnten. Es war typisch für diesen Mann, von seinen Männern nichts zu verlangen, was er nicht auch von sich selbst verlangte.

~

Im Morgengrauen des 18. Juni wurde Lindau vom Schützen Harz geweckt, der mehr Wein haben wollte. Noch immer regnete es in Strömen. «Es wird heute ein heißer Tag werden», sagte er, «und ich bleibe, denn eben hat mir geträumt, ich hätte einen Schuß durch den Leib bekommen, das that gar nicht weh und ich schlief ganz zufrieden ein.»[4] Allmählich wurde der Gutshof zum reinsten Bienenhaus. Der Regen hörte auf, und die Besatzung schüttelte die Lethargie der vergangenen Nacht ab. Einige Männer sollten ein Schwein zubereiten, das, wie sich Leutnant Biedermann erinnert, «sogleich und eben nicht ganz kunstgemäß geschlachtet» wurde.[5] Hunger, notierte der Offizier trocken, sei der «Brüderlichkeit» nicht förderlich, denn er selbst erhielt kein Fleisch, sondern nur ein paar Erbsen und etwas Salz.[6] Andere schlugen derweil, trotz des Fehlens passender Werkzeuge, Schießscharten in die Hofmauern und errichteten ein behelfsmäßiges Gerüst, damit andere Verteidiger über sie hinwegfeuern konnten. Zudem unternahm man eifrige, aber unzulängliche Anstrengungen, die Lücke zu schließen, welche der Abriss des Scheunentors gerissen hatte. Dem Rest der Garnison muss das Klopfen und Hämmern jeden weiteren Schlaf unmöglich gemacht haben. Da seine Feldflasche keinen Wein mehr enthielt, schlug Lindau Harz vor, sich aufzuwärmen, indem sie den benachbarten britischen Schützen vom 95. Regiment halfen, eine Barrikade quer über die Straße nach Brüssel zu errichten, die bündig mit der nach Süden gewandten Hofmauer abschließen sollte.[7] Der größte Teil der Einrichtung des Hofes, der in der Nacht nicht verbrannt worden war, wurde nun auf der Straße aufgetürmt: ein halber Wagen, verschiedene Ackergeräte, Leitern und drei vernagelte französische Kanonen; das Hindernis wurde mit mehreren Baumstämmen, die man in der Nähe gefällt hatte, und deren Astwerk verstärkt.[8] Später bemerkte Wellingtons Adjutant Lord Cathcart, dass das «zu keiner Zeit ein besonders wirkungsvolles Hindernis war»,[9] und in der Tat war der «Verhack» so dürftig, dass eine Gruppe verbündeter Dragoner während des Morgens einfach hindurchritt und damit den geduldigen Trupp zwang, die Barrikade erneut aufzubauen.[10] Für die britischen und deutschen Schützen, die die Straße verteidigten, war sie aber besser als nichts.

Überall entlang der alliierten Linien standen die Männer in Bereitschaft. Zur mentalen und physischen Verfassung der Legionäre angesichts der Niederschläge des vorherigen Tages, des fehlenden Schlafes und der Aussicht auf eine mörderische Schlacht gegen einen kampferprobten Feind kann man nur Vermutungen anstellen. Viele müssen hungrig gewesen sein, zitternd, hustend, mit laufenden Nasen oder verstopften Nasen und Ohren; einige waren vermutlich zu aufgeregt, um anständig zu essen.[11] Etwa um 8 Uhr morgens kam die Sonne durch und brachte etwas Erleichterung. Schüsse hallten durch die Luft, verursacht von den Waffen, die gereinigt und abgefeuert wurden, um festzustellen, ob sie nach dem Regen des vorherigen Tages und der vergangenen Nacht noch funktionierten. Das Gefolge des Heeres wurde auf herzoglichen Befehl zur Nachhut zurückgeschickt.[12] Im 5. Linienbataillon der Königlich Deutschen Legion beobachtete Leutnant Wheatley das französische Manöver auf den gegenüberliegenden Hängen. «Wir konnten Schwärme … dunkler Körper wahrnehmen», schreibt er, «die herunter glitten, sich trennten, dann wieder zusammenfanden, Feldern belebter Erdschollen gleich, die sich über die Ebenen ergießen wie geschmolzene Lava aus einem Vulkan, der allem, das es wagt, sich ihm in den Weg zu stellen, mit Verderben und Zerstörung droht. Es sah märchenhaft aus, und der Anblick grenzte an etwas Übernatürliches.» In diesem Augenblick klopfte ihm der stellvertretende Regimentsarzt, Georg Gerson, auf die Schulter und sagte: «Das wird eine Schlacht, mein Junge! Und das ist wohl die Vorbereitung», boshaft zweischneidig setzte er hinzu, er gehe jetzt zum Hospital und «hoffe, [ihn] dort zu sehen.»[13]

Baring verfügte über sechs Kompanien, die alle keine volle Gefechtsstärke besaßen – insgesamt 378 einsatzfähige Soldaten.[14] Ihm unterstanden drei höhere Offiziere: der stellvertretende Kommandeur Major Bösewiel und die Hauptleute Holtzermann und Schaumann. Außerdem gehörten der Truppe elf Leutnants an: Kiesler, Georg Meyer, Christian Meyer, Lindam, Riefkugel, Jobin, de Marweden, Carey, Biedermann, Graeme und einer, dessen Name nicht entziffert werden konnte. Darunter folgten fünf Fähnriche: Frank, Smith, Baring, der jugendliche von Robertson sowie Timmann, der Adjutant. Unterstützt wurden sie von vierundzwanzig Feldwebeln und vierzehn Hornisten. Drei Sanitäter – Sanitätsoffizier Heise und seine beiden Assistenten Müller und Gehse – sollten sich um die Verwundeten kümmern. Der Mannschaftsstand umfasste 317 Gefreite und gewöhnliche Schützen. Ob Baring am Vorabend der Schlacht eine Ansprache an seine Männer richtete, ist nicht bekannt. Alles, was wir wissen, ist, dass er seinen Offizieren befahl (und das entsprach sicher seinen Anweisungen, die nicht erhalten sind), so lange wie möglich zu kämpfen und sich dann zur Hauptstellung zurückzuziehen.

Baring postierte eine Kompanie unter Leutnant Georg Meyer, etwa achtzig Mann, im Küchengarten, um zu verhindern, dass das Gehöft eingeschlossen würde, und um die Verbindung mit der Hauptstellung auf dem Kamm aufrechtzuerhalten; Sanitätsoffizier Heise und seine beiden Assistenten errichteten im Schuppen, der im Küchengarten stand, ihr Lazarett. Die zwei Kompanien unter Leutnant Jobin und Leutnant Graeme wurden im und um den Innenhof verteilt, wo sie Stellung entlang der Mauer, in den Gaubenfenstern des Hauses und hinter der Barrikade außerhalb bezogen. Baring selbst führte drei Kompanien, etwa die halbe Truppe, in den Obstgarten gegenüber dem Feind.

Seine Lage war höchst prekär. Das Gehöft lag weit vor der alliierten Frontlinie, nur zwei Kompanien des 1. leichten Bataillons unter Oberstleutnant von dem Bussche[15] und zwei Kompanien hannoverscher Feldjäger (leichte Infanterie) unter dem Kommando von Major Spörcken schwärmten davor zu Scharmützeln aus. Auf der Straße zur Linken Barings standen zwei Geschütze und in einer Sandgrube auf der entfernter liegenden Seite zwei erfahrene Kompanien des 95. Schützenregiments. Der Hauptteil der alliierten Infanterie lag mindestens vierhundert Meter zurück, am nächsten stand die 5. Britische Infanteriedivision von Generalleutnant Thomas Picton. Das umgebende Land – heute sanft und wellenförmig – war damals von Gräben und Hohlwegen durchzogen, in denen feindliche Kavallerie und Plänkler lauern konnten. Auch hatten Barings Schützen kein freies Schussfeld. Trotz aller Bemühungen konnten die Legionäre in den Gebäuden nur eine Handvoll neuer Schusspositionen einrichten, während eine Bodenerhebung unmittelbar unterhalb des Obstgartens ihnen die Sicht auf die französischen Linien im Süden verwehrte. Überraschenderweise scheinen weder Baring noch seine Vorgesetzten durch eine Reserve innerhalb des Gehöfts oder in der Nähe angemessene Vorkehrungen für den Nachschub an Munition getroffen zu haben. Der Grund war vielleicht, dass sich zwischen den beiden leichten Bataillonen nur ein Munitionswagen mit Nachschub befunden hatte, der dann während des überstürzten Rückzugs über die Straße nach Brüssel in einen Graben kippte.[16] Das hatte zur Folge, dass Barings Bataillon die Kampfhandlungen lediglich mit der normalen Ausstattung von sechzig Schuss pro Kopf begann, die für das ganze Gefecht reichen musste. Was immer der Grund und wer immer dafür verantwortlich war, es handelte sich jedenfalls um ein schwerwiegendes Versäumnis, für das die Legionäre am Nachmittag einen hohen Preis zu zahlen hatten.

~

Die Franzosen verbrachten den Morgen ganz ähnlich. Im Morgengrauen, erinnert sich der Obergefreite Canler, «zerlegte jede Kompanie ihre Flinten, um sie einzufetten, wechselte die Kleidung und trocknete ihre Mützen». Selbst hohe Offiziere, wie Marschall d'Erlons Artilleriekommandeur Desales, hatten die Nacht im Freien verbracht und waren infolgedessen bis auf die Haut durchnässt. Beim Aufstehen sah Desales sich nach einem stillen Ort zum Wechseln der Kleider um und fand ihn zwischen zusammengestellten Wagen und Kutschen, die im französischen Lager verteilt waren.[17] Seine mehr als vierzig Geschütze sollten an diesem Tag im alliierten Zentrum furchtbar wüten. Inzwischen frühstückten die Soldaten. «Einer unserer Obergefreiten», erinnert sich Canler, «der wohl ein Metzgerbursche war, tötete, häutete und zerlegte unser armes kleines Schäfchen in kleine Stückchen», dann wurde das Schaf in Butter gebraten: «Nach einer Stunde Zubereitungszeit kamen der Hauptmann und der Leutnant unserer Kompanie und nahmen an unserer Mahlzeit teil, die, wie ich sogleich hinzufügen muß, gräßlich schmeckte, weil unser Koch anstelle des fehlenden Salzes eine Handvoll Schießpulver in den Topf getan hatte.»[18]

Trotz der elenden Nacht, der mageren Verpflegung und der Aussicht auf einen bevorstehenden harten Kampf war die Moral der Männer gegenüber von La Haye Sainte ausgesprochen gut. Als Napoleon morgens am 28. Linienregiment vorüberkam, wurde er «mit einer spontanen Bewegung begrüßt, die elektrischen Zuckungen glich: Helme, Tschakos, Kappen wurden auf Säbeln und Bajonetten in die Luft gereckt, begleitet von frenetischen ‹Es lebe der Kaiser!›-Rufen.»[19]

Der Kaiser hatte die Nacht in einem Bauernhof in Le Caillou verbracht, etwa sechs Kilometer südlich der alliierten Stellungen. Zu seiner großen Erleichterung stellte er am Morgen fest, dass Wellington im Schutz der Dunkelheit nicht entwischt war, sondern sich auf den Hängen des Mont St. Jean offenkundig auf den Kampf vorbereitete. Den frühen Morgen über blieb Napoleon im Inneren des Hauses und betrachtete den Regen und die ständige Ankunft weiterer Teile seiner Armee. Seine Ordonnanz, General Gourgaud, meldete ihm, der nasse Boden gestatte keinen sofortigen Angriff. Daraufhin erkundete der Kaiser das Schlachtfeld zu Pferde, wobei er seiner Erinnerung nach so weit nach vorne ritt wie «seine Plänkler gegenüber von La Haye Sainte».[20] Offenbar in Sorge wegen der dortigen Lage schickte er General Haxo, den Kommandeur der Pioniere, zur Erkundung des Zentrums der Alliierten aus. Korrekt berichtete dieser dann, es gebe für *Feld*befestigungen keinerlei Anzeichen; die hektischen und ziemlich untauglichen Versuche, den Meierhof zu befestigen, hatte Haxo wohl nicht richtig wahrgenommen.[21] Wegen der Preußen war Napoleon nicht übermäßig beunruhigt. Er glaubte sie auf einem hastigen Rückzug nach Osten, mit einer großen Streitmacht unter Marschall Grouchy auf den Fersen. Dagegen befürchtete er, dass ihm der Herzog noch entkommen könnte. Deswegen konnte Napoleon nicht viel Zeit auf taktische Bewegungen verschwenden, etwa die alliierte Armee im Westen auf den

Flügeln zu umgehen. Stattdessen wollte er Wellington mit einem frontalen Ansturm packen. Ihm standen etwa 74 000 Mann zur Verfügung, geringfügig mehr als die 68 000 in Wellingtons Armee, doch im Durchschnitt von höherer Tauglichkeit.

Um elf Uhr diktierte Napoleon seine Befehle an Marschall Ney, der den Hauptangriff der Franzosen in der Mitte des Schlachtfeldes leiten sollte.[22] Einen detaillierten Plan arbeitete der Kaiser nicht aus, weil er die genaue Aufstellung der alliierten Armee noch nicht kannte. Deshalb plante er, den Anfang mit einem Sondierungsangriff durch das Zweite Korps von Reille auf Wellingtons Rechte bei Hougoumont zu machen, der die dort stehenden Kräfte binden und den Herzog zwingen sollte, einen Teil seiner Reserven einzusetzen. Dem sollte der wichtigste Schlag folgen: ein direkter Sturm auf das alliierte Zentrum durch das Erste Korps von d'Erlon; dieser sollte auf der Linken beginnen und sich dann entlang des Hangs des Mont St. Jean zur Rechten hin entfalten. Sobald Wellington die übrigen Karten auf den Tisch gelegt hätte, wollte der Kaiser seine eigenen Reserven einsetzen, wenn nötig einschließlich der Kaiserlichen Garde. Napoleon erwartete, dass die überlegenen taktischen Fähigkeiten seiner Truppen den Sieg über seine schwerfälligen Gegner davontragen würden, sobald die Hauptschlacht erst einmal begonnen war.[23] Diese Strategie hing jedoch davon ab, ob man den Feind aus seinen gut eingerichteten Stellungen auf den Höhen und in dem befestigten Gehöft vertreiben konnte.

Das Hauptaugenmerk des französischen Plans richtete sich also auf das alliierte Zentrum, insbesondere auf seine wichtigste Stütze, den Meierhof von La Haye Sainte. Es ist nicht klar, ob Napoleon den Namen des Gehöfts kannte,[24]

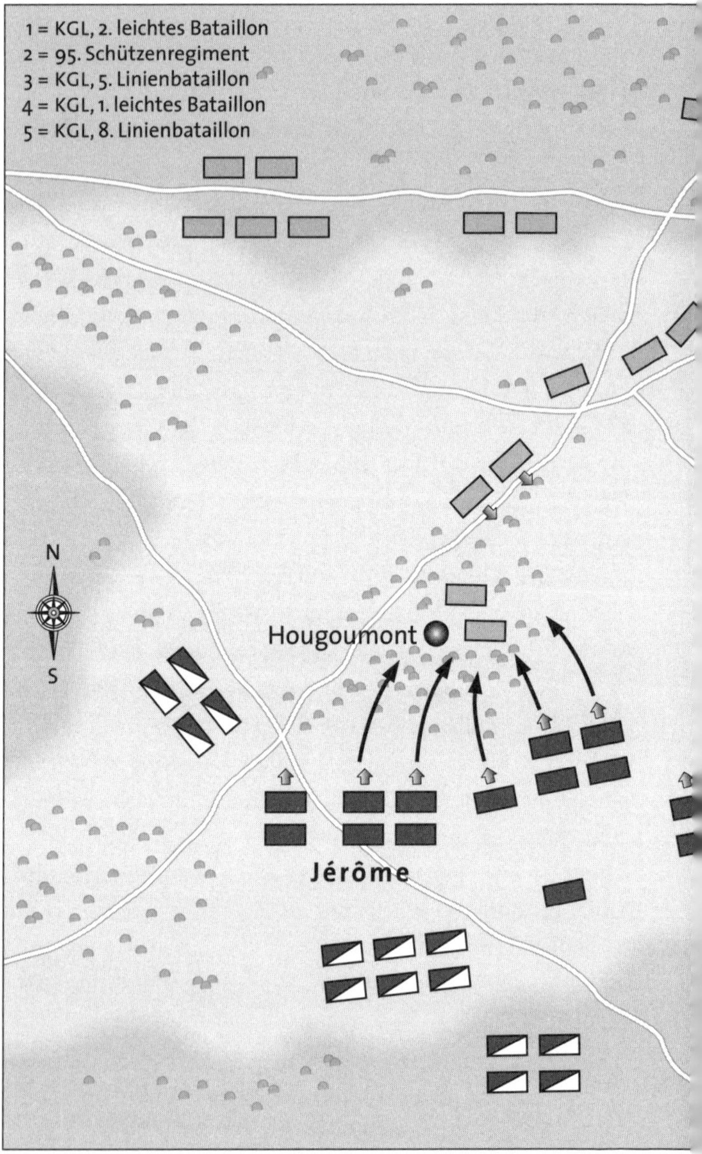
1 = KGL, 2. leichtes Bataillon
2 = 95. Schützenregiment
3 = KGL, 5. Linienbataillon
4 = KGL, 1. leichtes Bataillon
5 = KGL, 8. Linienbataillon
N
S
Hougoumont
Jérôme

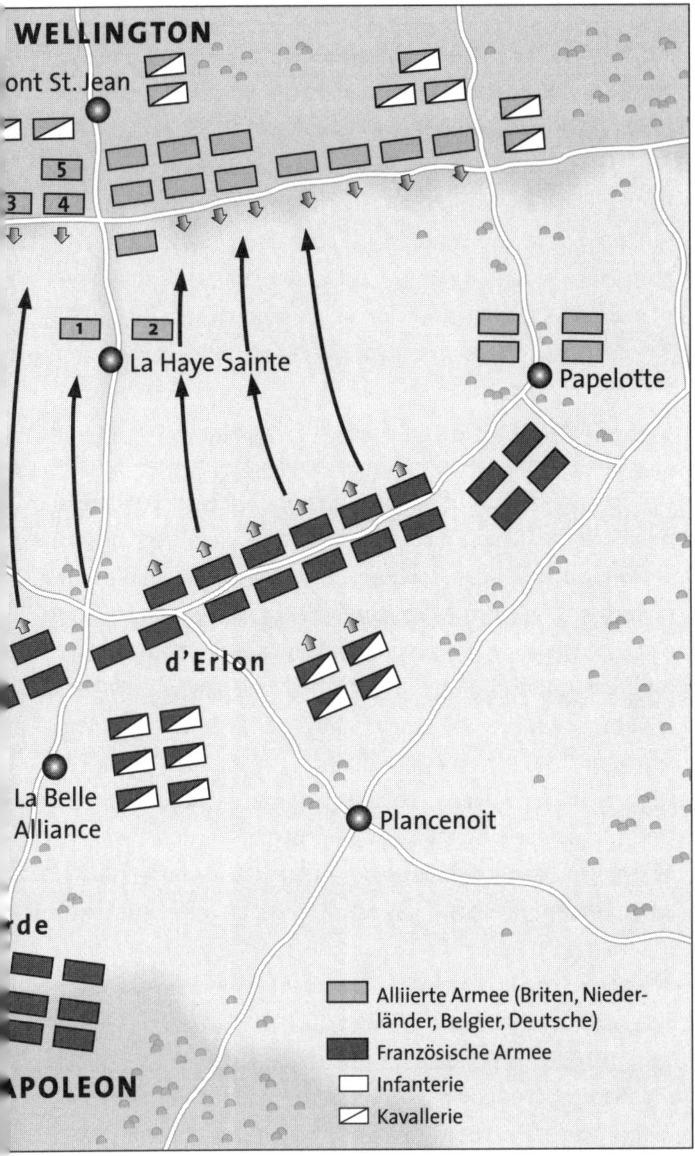
WELLINGTON
ont St. Jean
5
3
4
1
2
La Haye Sainte
Papelotte
d'Erlon
La Belle
Alliance
Plancenoit
rde
APOLEON
Alliierte Armee (Briten, Nieder-
länder, Belgier, Deutsche)
Französische Armee
Infanterie
Kavallerie

doch stand ihm dessen Bedeutung zweifelsohne klar vor Augen. Die kaiserlichen Anweisungen verlangten die Eroberung des «Dorfes von Mont St. Jean [sic], um die dortige Straßenkreuzung einzunehmen»,[25] und können sich nur auf den Hof beziehen. D'Erlons Erinnerung ist in diesem Punkt eindeutig: «Das Zweite Korps», schreibt er, «muß den Hof von Hougoumont einnehmen, und das Erste Korps muß sich zum Herren von La Haye Sainte an der Straße nach Brüssel machen.»[26] Das einzige leichte Infanterieregiment im ganzen Korps, das Dreizehnte, erhielt die Aufgabe, La Haye Sainte zu erobern; danach sollten die Pionierkompanien ihren Instruktionen gemäß die Gebäude für den Fall eines alliierten Gegenangriffs befestigen.[27] Ansonsten scheint man aber der Eroberung des Meierhofes keine besondere Beachtung geschenkt zu haben. Vielleicht erwartete Napoleon, dass die Gebäude in der Masse der konzentrierten Kolonnen d'Erlons einfach untergingen; vielleicht hoffte er, dass die Eroberung der Kammlinie und damit das Umgehen des Gehöfts die Stellung der Garnison schnell unhaltbar machen würde. Vielleicht war ein einleitender Beschuss des Gehöfts angesichts des begrenzten Kalibers und der begrenzten Anzahl von verfügbaren Geschützen sowie der Schwierigkeit, ein Ziel zu treffen, das partiell von einer Bodenwelle verdeckt war, als Verschwendung von Ressourcen aufgegeben worden. Sicher waren seine Informationen zum Gehöft unvollständig, weil es von seiner Position aus nur teilweise einzusehen und es keinem seiner Informanten, General Haxo eingeschlossen, aufgrund der Anwesenheit feindlicher Plänkler gelungen war, nahe genug heranzukommen. So oder so, das Versäumnis, die Eroberung von La Haye Sainte gründlicher vorzubereiten, kam Napoleon und seine Soldaten in den nächsten Stunden teuer zu stehen.

KAPITEL 4

Kampf um das Scheunentor

~

Etwa um 11.30 Uhr begann das Zweite Korps unter Reille mit dem Sturm auf Hougoumont. Die verteidigenden Nassauer begannen zurückzuweichen, bis sie durch britische Gardisten verstärkt wurden. Im Laufe des Tages absorbierte der Kampf auf beiden Seiten immer mehr Truppen. Hauptmann Carl Jacobi vom hannoverschen (leichten) Feldbataillon der Lüneburger erinnert sich, dass die Männer im Zentrum der Alliierten stundenlang nur müßige Beobachter der vor ihnen wogenden Kämpfe, besonders des heftigen Gefechts um Hougoumont, waren.[1] Etwa um 13 Uhr eröffnete Napoleons Große Batterie das Feuer auf das Zentrum der alliierten Linien. Das Bombardement richtete sich nicht auf einen bestimmten Punkt, sondern sollte das gesamte Gebiet mit einer allgemeinen Zermürbungstaktik überziehen. Angesichts der Entfernungen war das alles, was möglich war, solange nicht der bereits vom Kommandeur der Großen Batterie, Desales, erkundete Geländevorsprung vor La Haye Sainte gegen das vom Gehöft ausgehende Büchsenfeuer gesichert war. Für den Augenblick bestand der Zweck der Kanonade weniger in einer realen, sondern vielmehr in einer psychologischen Wirkung: das Zeigen moralischer Stärke, um den Feind zu entmutigen.[2] Napoleon wollte, wie sein

Napoleon in der Schlacht bei Waterloo am 18. Juni 1815, Gemälde von Carl von Steuben.

Befehl an Desales deutlich machte, «den Feind überraschen und seine Moral erschüttern».[3] Es handelte sich um eine Taktik des «Schockierens und Einschüchterns».

Der Erfolg des kaiserlichen Plans war nicht eindeutig. Bijlandts Niederländer, die vor der tief gelegenen Straße den Franzosen am Hang gegenüberstanden, erlitten schreckliche Verluste. Der größte Teil des übrigen Korps war jedoch auf dem rückwärtigen Hang relativ sicher, wo er sich, vor direktem Feuer geschützt, in Hohlwegen hinwarf oder zusammendrängte, um die Angriffsfläche zu verringern; zugute kam ihm auch der Umstand, dass die französischen Kanonenkugeln meistens im dicken Schlamm steckenblieben und nicht wieder abprallten und weitere Verheerungen verursachten.[4] Den Männern der leichten Infanterie, die als Schützenlinie entlang der alliierten Front ausgeschwärmt waren, fehlte ein solcher Schutz, sie standen aber hinreichend weit auseinandergezogen, um höhere Verluste zu vermeiden. Zu den weniger Glücklichen zählte Hauptmann Philip Holtzermann vom 1. leichten Bataillon der Königlich Deutschen Legion, der kurz nach Beginn des Bombardements fiel, wahrscheinlich um die Zeit, als seine Frau Mary-Ann im weit entfernten Bexhill am Morgengottesdienst teilnahm.[5] Im Lauf des Tages wurde sein Körper immer mehr in den aufgeweichten Boden hineingedrückt.

In der Nachbarschaft von La Haye Sainte, das nur etwa 650 m von den vorderen französischen Batterien trennte, schlugen viele Geschosse ein.[6] Die beiden Artilleriegeschütze der Alliierten auf der Straße waren schnell zerstört, nachdem sie sich gegen Wellingtons strikten Befehl auf ein fruchtloses Duell mit den Franzosen eingelassen hatten. Die Männer auf den Barrikaden balgten sich um Deckung. Leutnant George Simmons vom 95. Schützenregiment war eben erst mit einem Stapel Holz angekommen, gerade noch rechtzeitig, um die Flucht «junger Deutscher» mit ansehen zu müssen, die «so verstört waren, daß sie wie Tölpel vor den Geschützen herumliefen»,[7] sehr zum Erstaunen der erfahreneren Männer. In der nahe gelegenen Sandgrube erlebte Hauptmann Kincaid vom 95. Schützenregiment mit, wie eine französische Kanonenkugel, von der «nur der Herr weiß, woher» sie kam, den «Mann zu unserer Rechten köpfte».[8] Die britischen Schützen, von denen die meisten bereits früher unter schwerem Artilleriefeuer gelegen hatten, waren jedoch weder schockiert noch eingeschüchtert. Auch für die Veteranengarnison auf dem Gutshof war die Kanonade kaum mehr als aufreizend. Die Männer im Obstgarten wurden gelegentlich mit einem Schauer von Zweigen überschüttet, die über ihre Köpfe hinwegsausende Kanonenkugeln aus den Baumspitzen schossen.[9] Auch Splitter von über ihnen detonierenden Sprenggranaten stellten eine Gefahr dar. Doch sonst bot ihnen das robuste Mauerwerk reichlich Schutz gegen gelegentliches Streufeuer. Da der französische Sturm unmittelbar bevorstand, erteilte Baring seinen Kompaniekommandeuren die Instruktionen: Sie sollten so lange wie möglich Widerstand leisten und sich dann zur Hauptlinie der Alliierten auf dem Kamm hinter ihnen zurückziehen.[10] Die Offiziere des 2. leichten Bataillons nahmen jetzt die ihnen zugewiesenen Posten ein – Leutnant Meyer im Küchengarten, die Leutnants Jobin und Graeme in den Gebäuden, Baring selbst im Obstgarten. Dann warteten sie.

Nach etwa einer halben Stunde schwiegen die französischen Kanonen. Die Pause sollte dem Ersten Korps ermöglichen, mit dem Hauptangriff auf das alliierte Zentrum zu beginnen. Majoradjutant Hubart, einem alten Soldaten, der auf allen Feldzügen Napoleons gekämpft hatte, oblag es, die Divisionen aufzustellen. Als alles bereit stand, trat der Korpskommandeur, d'Erlon, in die Mitte vor der Linie und rief: «Heute müssen wir siegen oder sterben» – «C'est aujourdhui qu'il faut vaincre ou mourir.» Die Männer erwiderten: «Es lebe der Kaiser!» – «Vive l'empereur!» Drei Trommelschläge gaben das Zeichen zum Angriff. Dann setzten sich etwa 18 000 Mann in Bewegung, vor ihnen ein Schwarm von mit Musketen bewaffneten Plänklern. Sie rückten in Säulen vor, die eine Breite von einem Bataillon und eine Tiefe von neun oder zwölf Bataillonen (die Berichte hierüber differieren) und damit eine größere Angriffsbreite als in der Vergangenheit hatten.[11] D'Erlon, ein Veteran des Spanienfeldzugs, wählte diese ungewöhnliche Formation anstelle der schmaleren Standardangriffsbreite, um die französische Feuerkraft gegenüber der gefürchteten britischen Linienformation, auf die er in Spanien getroffen war, zu maximieren und gleichzeitig so viel Truppenmasse wie nötig zurückzuhalten, um sich mit dem Bajonett durchschlagen zu können. Das machte sein Korps jedoch verwundbarer für Kavallerieattacken. Die Infanterie marschierte in Divisionsordnung, der linke Flügel voran, so dass die Attacke die alliierte Linie wie eine Schwingtür von links nach rechts treffen würde. Hinter ihr rückte zur Unterstützung die Kavallerie mit fast 800 Kürassieren nach, schwere Kavallerie, die durch metallene Brustpanzer geschützt war, die den Reitern ihren Namen gaben. Innerhalb weniger Minuten hatten die Angreifer den komplizierten Durchmarsch durch die eigene Artillerie beendet, ohne den Zusammenhalt zu verlieren.[12] Hinter ihnen nahm die Große Batterie das Bombardement des alliierten Zentrums wieder auf, die Salven flogen jetzt über die Köpfe der vorrückenden Kolonnen hinweg. Die äußerste Linke des französischen Angriffs – Aulards und Schmitzs Brigaden der 2. Division des Generals Donzelot – marschierte direkt auf das Gehöft von La Haye Sainte zu und würde als Erste mit dem Feind zusammentreffen.

Als die französischen Kolonnen in das Tal hinabstiegen, das sie von Wellingtons Linien trennte, gerieten sie unter anhaltendes, schweres alliiertes Artilleriefeuer; im Gegenzug begannen die deutschen Plänkler sich zurückzuziehen. Der Obergefreite Canler erinnert sich an ein «erschreckendes, von zwei Batterien aufgeführtes Duett aus nahezu zweihundert Geschützen: Kanonenkugeln, Bomben, Granaten flogen und pfiffen über unsere Köpfe hinweg».[13] Sie waren kaum hundert Schritt vorangekommen, als der Kommandeur des 2. Bataillons des 28. Linienregiments, Marins, tödlich verwundet niedersank. Canlers eigener Kompaniekommandeur wurde von zwei Schüssen getroffen. Auch der alte Hubart und der Adlerträger Crosse fielen. Wir wissen nicht sicher, wie es den beiden auf La Haye Sainte zumarschierenden Brigaden erging, doch die Pionierkompanien an vorderster Front – sie bestanden aus stämmigen Männern mit riesigen Äxten, um Türen und Barrikaden zu zerschlagen – müssen nicht nur unter dem alliierten Beschuss, sondern auch unter dem Büchsenfeuer der deutschen Plänkler aus dem links vom Gehöft gelegenen Feld entsetzlich gelitten haben. Trotz des mörderischen Feuers hörten die Männer überall entlang der Front «die ruhigen Stimmen unserer Offiziere, die nur einen einzigen Befehl gaben: ‹aufschließen›.»[14] Marschall Ney begleitete die Kolonne bis zu dem Punkt, wo die Straße den Wall unmittelbar vor dem Gutshof durchschnitt.[15]

Östlich des Gehöfts begannen die exponierten Niederländer von Bijlandts Brigade zurückzuweichen, doch die Schützen in der Sandgrube hielten vorläufig noch stand. Hauptmann Leach, der das ganze Gebiet ringsum überblicken konnte, beschrieb das Getöse und die Heftigkeit des französischen Angriffs, «als stünde die schiere Möglichkeit, wir könnten dem Anprall widerstehen, außer Frage».[16] Sein Bataillonsadjutant, Hauptmann Kincaid, erinnert sich «an eine riesige Infanteriekolonne», die mit Hochrufen «Es lebe der Kaiser!» unter Trommelwirbeln und Trompetenfanfaren vorrückte und deren Offiziere «ihre Degen vor ihnen schwenkten und tanzen ließen». Die Franzosen, schrieb er, «hofften wohl, uns vom Gelände zu verscheuchen», doch ihnen begegnete «bloß ernstes Schweigen, das auf unserer Seite herrschte», und «wir warteten darauf zu zeigen», dass «wir unsere Münder öffnen konnten, wenn wir das nur wollten».[17] Auch die Deutschen im nahe gelegenen Gehöft zeig-

Die britische Kavallerie stürmt gegen die Karrees an,
um die französischen Kürassiere und Ulanen zu vertreiben,
Aquatinta von Thomas Sutherland, 1816.

ten keinerlei Anzeichen von Furcht. Napoleons anfängliche Hoffnung, sie durch Artilleriefeuer und die bloße Drohung einer massiven Infanterieattacke aus den Gebäuden zu vertreiben, war enttäuscht worden.

Im Obstgarten konnte man die Franzosen nicht sehen, aber hören: das Stampfen tausender menschlicher Füße und Pferdehufe, die den schlammigen Boden aufwühlten. Dann kamen die ersten französischen Plänkler mit Hochrufen über die leichte Erhebung am südlichen Rand des Meierhofes und feuerten einen Kugelhagel ab. Baring befahl den Männern, sich hinzuwerfen, um eine geringere Angriffsfläche zu bieten, wie sie das in Spanien so häufig getan hatten; die Apfelbäume und die niedrige Hecke um den Obstgarten boten kaum mehr als einen psychologischen Schutz. Baring selbst blieb zu Pferde sitzen. Das war zwar gewagt, doch unbedingt erforderlich, um den Männern ein gutes Beispiel zu geben und den Überblick über das Schlachtfeld zu behalten. Er gab strikte Instruktionen, nicht eher zu feuern, als bis der Feind ganz nahe war. Bald wogten die beiden französischen Hauptkolonnen in das Sichtfeld, sie bewegten sich schnell. Die eine griff die Gebäude an, während die andere sich gegen den Obstgarten warf. «Die Franzosen haben es so eilig», erzählten die Deutschen einander, «als ob sie heute noch in Brüssel essen wollen.»[18] Zu diesem Zeitpunkt eröffneten die Schützen der Schützenlinie vom Feld neben dem Hof, von der Hecke hinter dem Obstgarten, von der Barrikade, den Hofmauern und den oberen Fenstern im Haus aus ihr tödliches Feuer. Wir wissen nicht genau, wie viele von Napoleons Männern in diesem Augenblick oder während des ganzen Tages in La Haye Sainte getötet wurden; französische Quellen schätzen die Zahl bis zum Einbruch der Nacht auf 2000 Mann.[19] Was wir aber wissen, ist, dass von diesem Zeitpunkt an das Gelände um den Gutshof und bald auch um die einzelnen Gebäude mit Leichen übersät war. Der Anblick der allgegenwärtigen Leichen war schon schlimm genug, doch noch quälender für alle dort Anwesenden müssen während der nächsten fünf Stunden der Anblick und die Schreie der Verwundeten gewesen sein.

Die französischen Plänkler, die sich dem Obstgarten näherten, hielten nun inne und zielten. Ein Kugelhagel durchschnitt die Zügel von Barings Pferd, verfehlte seine Hand nur um Haaresbreite, tötete den Schützen Harz und bestätigte so dessen Vorahnung, verletzte einen der Kompaniekommandeure, Hauptmann Schaumann, schwer und tötete und verwundete viele andere. Die mit Musketen bewaffneten Franzosen hatten eine viel höhere Feuergeschwindigkeit, wahrscheinlich zwei oder drei Schuss pro Minute. Die Deutschen konnten höchstens die Hälfte erreichen, weil ihre gezogenen Büchsenläufe sich nur viel langsamer laden ließen. Musketen, die einen glatten Lauf besaßen, konnten allerdings einen Menschen, der mehr als 90 m entfernt war, kaum noch treffen, auch wenn gut gezielt worden war; andererseits konnte man mit Büchsen mit gezogenen Läufen bis auf fast das Zweifache dieser Distanz präzise treffen. Auf kurze Entfernung, wie beim ersten Zusammenstoß, waren deshalb wiederholte massive Musketensalven effektiver, doch sobald die Schützen die Franzosen in einiger Entfernung aus der Deckung des Gehöfts beschossen, im weiteren Verlauf des Tages also, waren die Deutschen im Vorteil.

Beide Seiten befanden sich jetzt in einem Abnutzungsprozess, in dem sie um die Wette zielten, feuerten und nachluden.[20] Das ging folgendermaßen vor sich: Man hielt die Muskete in der linken Hand (wenn man Rechtshänder war), biss die Spitze einer vorbereiteten Papierhülse mit Pulver und Kugel ab, behielt die Kugel im Mund und zog den Hahn oder Hammer hinter eine Kerbe zurück. Dann schob man den Deckel über der Zündpfanne auf, in die man etwas Pulver gab, ehe man sie wieder verschloss. Der Musketenkolben wurde auf den Boden gestellt, so dass man den Rest des Pulvers vertikal in den Büchsenlauf schütten konnte, danach folgten das Hülsenpapier und die Kugel, entweder getropft oder gespuckt. Der Ladeschütze stopfte das Paket mit seinem Ladestock weiter in den Lauf, einmal nach der Papiereinlage, um das Paket zusammenzupressen und zu verschließen, und einmal nach der Kugel. Dann zog er den Hahn hinter eine andere Kerbe, zielte und feuerte. Damit wurde der Feuerstein in Bewegung gesetzt, der auf den Deckel schlug und einen Funken erzeugte, der nun das Pulver in der Zündpfanne entzündete, womit wiederum die Ladung im Lauf in Brand gesetzt und die Kugel angetrieben wurde. Büchsen wurden in ähnlicher Weise geladen. Manchmal waren wie bei den Musketen vorgefertigte Papierhülsen in Gebrauch. Andernfalls verwendete man einen Beutel mit Bleikugeln und eine Pulverflasche. Nachdem man eine abgemessene Ladung Pulver in den Lauf gegeben hatte, gefolgt von einem runden Stück eingefetteten Tuchs und der Kugel, stieß der Ladeschütze das Paket mit seinem Ladestock weiter in den Lauf. Die Baker-Büchse hatte einen kürzeren Lauf als die Muskete, was die Verwendung in Bauchlage oder in Gebäuden wie einem Bauernhof erleichterte.[21]

Wenn es feucht war, war sowieso alles verloren; doch selbst bei gutem Wetter konnte während des gesamten Vorgangs vieles schiefgehen. Der Hammer konnte sich zufällig lösen, ehe er ganz zurückgezogen worden war, und damit einen Fehlschuss auslösen, den man als «losgehen bei halb gespanntem Hahn» bezeichnete. Es war auch möglich, dass der Feuerstein keinen richtigen Funken erzeugte oder dass das Pulver in der Pfanne nicht zündete oder dass es explodierte, ohne die Ladung im Lauf anzutreiben; Letzteres bezeichnete man als «Strohfeuer». Manchmal zerbarsten die Waffen und verletzten oder töteten den Besitzer. Auch war es nicht ungewöhnlich, dass man die Kugel in der Hitze des Gefechts verschluckte oder aus Versehen neben den Lauf spuckte, dass man die Papierhülse fallen ließ, Pulver aus Ungeschicklichkeit verschüttete, aus Versehen den Ladestab abschoss oder im Eifer lud und wieder lud, ohne in der Aufregung auch zu schießen. Selbst wenn der ganze Vorgang fehlerlos ablief, behielt der Infanterist schwarze Lippen und einen sandigen Geschmack im Mund, der nie ganz verging und ihn ungemein durstig machte.

Obwohl die Männer im Obstgarten zahlenmäßig vollkommen unterlegen waren, hielten sie zunächst stand. Der verwundete Schaumann wurde in den relativ sicheren Innenhof getragen, wo er bald darauf seinen Verletzungen erlag. Dann beobachteten die Schützen, wie sich die französische Kolonne auf ihrer rechten Seite rasch zum offenen Scheunentor vorarbeitete. Einige der im Feld draußen verteilten Plänkler sahen die französische Kavallerie näher kommen und zogen sich zur Hauptstellung auf den Hügel zurück; andere unter Oberstleutnant Louis von dem Bussche bezogen in einem Halbkreis Stellung vor dem Scheunentor im Westen.[22] Im Obstgarten wichen die Deutschen unter ständigem Feuer geordnet zurück. Weitere Männer gingen zu Boden, darunter Barings tödlich verwundeter stellvertretender Kommandeur, Major Bösewiel, der sich aber noch einmal vom Boden erhob, um dann erneut zusammenzubrechen. Der junge Fähnrich von Robertson wurde durch eine Kugel in den Kopf getroffen und fiel genau neben Leutnant Biedermann. Baring selbst sicherte die Scheune, doch die Beine seines Pferdes wurden durch Büchsenfeuer zerschmettert, und er war gezwungen, das Pferd seines Adjutanten zu nehmen. Fürs Erste war der Scheunenzugang jetzt durch die Plänkler von dem Bussches, die jeden sich nähernden Franzosen niederschossen, erfolgreich verteidigt worden.

In der Zwischenzeit näherte sich die zweite französische Kolonne – Aulards Brigade – dem Gehöft von Südosten, «schräg ... über die Felder und die Hauptstraße hinunter». Im Nu beseitigte sie die Barrikade auf der Straße. Leutnant Graeme und die anderen Männer, die sie verteidigten, räumten schnell das Feld und zogen sich durch das Haupttor in den Innenhof zurück; der Obergefreite Wilhelm Wiese erinnert sich an die Kugeln, die «ihnen um die Köpfe pfiffen».[23] Ein unerschrockener und struppiger Pionier – Leutnant Vieux, ein Absolvent der École Polytechnique – rannte nach oben und schlug wie wild mit einer Axt auf das Tor ein. Als er verwundet wurde und ihm das Werkzeug aus den Händen glitt, wurde es von einem anderen Mann ergriffen, doch das Tor hielt stand. Der Rest der blauen Woge brandete gegen die unnachgiebigen Hofmauern sowie das robuste Holztor und wirbelte auf der Rechten die Straße hinauf in Richtung der alliierten Hauptstellung. Bijlandts Brigade, die die Hauptlast der französischen Kanonade auszuhalten gehabt hatte, wich in völliger Auflösung zurück; nur eins von fünf Bataillonen hielt die Linie. Die britischen Schützen in der Sandgrube und die Deutschen auf der Ostseite des Hauses hatten jedoch eine ausgezeichnete Sicht auf die vorrückenden Franzosen, die jetzt von vorne und von links mit gezieltem Feuer bestrichen wurden.[24] Manchmal fielen drei oder vier Angreifer durch einen einzigen Schuß, der aus unmittelbarer Nähe entweder durch die Schießscharten in der Mauer oder vom Schweinestall aus, auf dem etwa ein Dutzend Legionäre Stellung bezogen hatte, mit einer der schlagkräftigen Büchsen abgegeben worden war. Scharfschützen benutzten die Angeln der Gaubenfenster mit tödlicher Wirkung: Sie schossen die französischen Offiziere nach Belieben ab, da sie häufig von außerhalb der Musketenreichweite schossen. Anders als die Deutschen, die ihre Verwundeten zumindest ins Hausinnere bringen konnten, konnten die verwundeten Franzosen nur zu ihren eigenen Linien zurücktaumeln, viele blieben aber gekrümmt dort liegen, wo sie hingestürzt waren.

Trotz dieses Anblicks der Verwüstung arbeitete sich die französische Kolonne den Berg hinauf, weiter voran, und trieb die britischen Schützen aus der Sandgrube zurück auf die alliierte Hauptstellung. Einige Angreifer wandten sich jetzt nach links und drängten in den Küchengarten, der von einer einzigen Kompanie unter Leutnant Meyer gehalten wurde. Der Rest der Angreifer erreichte bald den Kamm, wo ihn die britische 5. Division in einen heißen Kampf verwickelte. Ihr berühmter Kommandeur, Generalleutnant Thomas Picton, wurde durch einen Kopfschuss in der Nähe der Kreuzung getötet. Nun stand das gesamte Zentrum der Alliierten in unmittelbarer Gefahr, überrannt zu werden.

Wellington, der etwa um 13.30 Uhr mit seinem Stab von Hougoumont bis zu einer Ulme in der Nähe der Straßenkreuzung vorgerückt war, erkannte sofort den Ernst der Lage. Entweder er oder der Prinz von Oranien oder General von Alten befahl nun dem hannoverschen leichten Infanteriebataillon der Lüneburger, nach La Haye Sainte zu marschieren, um Baring zu unterstützen, während Oberst von Omptedas 5. und 8. Linienbataillon der Königlich Deutschen Legion den Befehl erhielten, auf der tief liegenden Straße vorzurücken.[25] Wellington wies auch das 1. leichte Bataillon der Königlich Deutschen Legion an, die Lücke auf der Linken des Gehöfts zu schließen. «Jetzt ist eure Zeit gekommen, Jungs», hörte der stellvertretende Adjutant des Bataillons, Hauptmann Christoph Heise, ihn den Deutschen zurufen.[26]

Zwei Kompanien der leichten deutschen Infanterie unter dem Kommando von Hauptmann von Gilsa und Leutnant Albert sprangen aus den Schlupflöchern, wo sie vor dem französischen Artilleriefeuer Schutz gesucht hatten.[27] Sie stürmten über die Straße an aufgegebenen britischen Geschützen vorbei, formierten sich auf der Linken sowie im Rücken der französischen Kolonne und feuerten, so schnell sie laden konnten, in die dicht gedrängte Masse. Andere stürzten auf den Küchengarten zu. Der Obergefreite Henry Müller bezog ganz weit hinten Stellung, um den Offizier zu erschießen, der die französische Kolonne anführte. Dank der Hilfe der Schützen Sasse und Schülermann, die seine Waffen nachluden, gelang es ihm, den Franzosen mit dem ersten Schuss vom Pferd zu holen.[28] Der Feind begann zurückzuweichen. Zu diesem Zeitpunkt wurde Hauptmann Heise schwer am Bein verwundet und durch einen britischen Schützen zurück zu den alliierten Linien getragen, bis das intensive Feuer diesen zwang, seine Bürde abzulegen. Zum Glück für Heise beobachtete der Schütze Sander aus dem 1. leichten Bataillon die Notlage seines Hauptmanns und schleppte ihn zu einer steilen Böschung, wo beide Männer einige Minuten voller Sorge verbrachten und versuchten, der Aufmerksamkeit der umherstreifenden französischen Kavallerie zu entgehen.[29] Sander widersetzte sich Heises Befehl, sich selbst zu retten, und als sie schließlich von einem französischen Reiter entdeckt wurden, schoss der Schütze Sander diesem das Pferd unter dem Leib weg. Ohne Waffe oder Tornister abzunehmen, warf Sander sich seinen Vorgesetzten über die Schulter und trug ihn zu einem Wundarzt am Mont St. Jean, bevor er in den Kampf zurückkehrte. Sanders Opferbereitschaft war bemerkenswert, denn es war bekannt, dass einige unverletzte Hannoveraner, wie viele Soldaten in allen Armeen, die Rettung eines verwundeten Kameraden vom Schlachtfeld als Ausflucht nutzten, dem Kampf überhaupt zu entrinnen.[30]

Als Omptedas Männer die Franzosen mit aufgepflanzten Bajonetten den im Osten des Meierhofs liegenden Hügel hinabtrieben, schickte er seinen Adjutanten von Brandis durch den Rauch – den von Brandis als «so dicht» beschreibt, «daß man nichts beobachten konnte» –, um festzustellen, ob sie feindlicher Kavallerie oder Infanterie gegenüberstanden.[31] Fast unmittelbar lief dieser in einen Trupp Kürassiere hinein. Das 1. leichte und das 5. Linienbataillon wurden von britischer Kavallerie aus der Nähe gedeckt und fanden Zeit, ein Karree zu bilden, obwohl Ompteda nur knapp entkam, da sein Pferd erschossen wurde. Als die Franzosen zuschlugen, stand das 8. Bataillon unglücklicherweise noch in Linie und wurde innerhalb weniger traumatischer Minuten besiegt, offenbar ohne eine Gelegenheit oder wenigstens den Willen zum Widerstand: Sein Kommandeur, Oberstleutnant von Schröder, wurde tödlich getroffen. In schneller Folge fielen die Hauptleute von Voigt und von Westernhagen, Leutnant von Marenholz und mehr als dreißig Unteroffiziere und gemeine Soldaten. Viele andere Offiziere wurden verwundet, einige schwer. Der Fähnrich Moreau erlitt drei schwere Verletzungen und war gezwungen, die Fahne in der Nähe des Gutshofes aufzugeben. Als Feldwebel Georg Stöckmann vom 2. leichten Bataillon das sah, lief er hinaus, um die Fahne zu holen, und rettete sie so davor, dem Feind in die Hände zu fallen.[32] Major von Petersdorff gelang es noch, einige Männer hinter dem Hohlweg zusammenzuscharen, aber das Bataillon als kohärente Streitmacht war erledigt und an den Kämpfen nicht mehr beteiligt.[33] Das sollte die erste einer Reihe von Lehrstunden an diesem Tag zu der Gefahr sein, die die Kavallerie für die Infanterie bedeutete, wenn diese in freiem Feld gestellt wird und es ihr nicht gelingt, ein Karree zu bilden.

Auf der anderen Seite des Gutshofes lief zunächst alles gut. Die Lüneburger rückten unter dem Kommando von Generalleutnant von Klencke den Hang hinunter vor, wenn auch mit mehr Tempo als Ordnung.[34] Sie schlugen die Franzosen rasch zurück. Die Kompanie von Hauptmann Jacobi eroberte den Obstgarten zurück[35] und verband sich mit Barings Männern, die aus dem Innenhof wieder aufgetaucht waren. Der Rest verteilte sich in offener Formation auf den Feldern außerhalb, um die französischen Plänkler auf Abstand zu halten. Es dauerte jedoch nicht lange, bis eine weitere feindliche Kolonne anrückte. Trotz der Versuche des bereits zweimal verwundeten Feldwebels Ludwig Schmidt, die Männer zu sammeln,[36] boten die niedrigen und schütteren Hecken zu wenig Schutz, um anhaltenden Widerstand zu ermöglichen. Die Deutschen wichen aus dem Obstgarten auf das außerhalb liegende Feld zurück, wo sie mit dem Rest der Lüneburger gestellt wurden. Plötzlich erschien aus einer Bodenfalte ein Trupp schwerer französischer Kavallerie – Kürassiere unter dem Kommando von Oberst Crabbé – und machte sich für den Angriff bereit. In eben diesem Augenblick berichtete Leutnant Meyer, dass die Franzosen den Küchengarten umzingelt und seine Stellung dort unhaltbar gemacht hatten. Baring befahl ihm, sich zum Haus zurückzuziehen und dort weiterzukämpfen, dann wandte er sich der feindlichen Kavallerie zu. In dem Getöse konnten sich aber weder Baring noch Klencke Gehör verschaffen, um ein Karree oder zumindest eine Art Verteidigungsstellung zu bilden. Obendrein «war durch das Dazwischenkommen des Lüneburger Feldbataillons» die enge Formation der Schützen von dem Bussches aus dem 1. leichten Bataillon der Königlich Deutschen Legion außerhalb der Scheune «so getrennt [worden], daß an eine Formierung nicht mehr zu denken war» und die Schützen auch keine effektive Deckung durch Büchsenfeuer zu geben vermochten.[37]

Es bedurfte nur weniger Augenblicke, um das gesamte Bataillon der Lüneburger mitsamt den begleitenden Legionären vollständig aufzureiben. Sie scheinen nicht viel Widerstand geleistet zu haben. Im Nu waren die Kürassiere über ihnen und stießen und hieben mit ihren Säbeln auf die verstörten Infanteristen ein. Einige wie der Lüneburger Obergefreite W. Bühren, die Soldaten Fr. Pape, H. Schüler, J. Riese und C. Kloppe konnten sich in den Schutz des Meierhofes flüchten, wo sie den Rest des Tages mit der Garnison verbrachten. Auf dem Weg dorthin gelang es dem bereits verwundeten Kloppe, einen feindlichen Offizier mit dem Bajonett zu durchbohren.[38] Die meisten bewegten sich zur Hauptlinie der Alliierten und setzten sich damit nicht nur den Säbeln der nachsetzenden Kürassiere aus, sondern auch dem Flankenfeuer der französischen Infanterie, das aus dem Küchengarten hervorblitzte. Feldwebel Schmidt erlitt mehrere Verwundungen durch Kavalleriesäbel. Auch Klencke wurde verletzt. Einige Deutsche wurden von der eigenen Seite getroffen, von Salven, die die Karrees auf die vorrückende Kavallerie abgaben. Leutnant Biedermann beschreibt: «Schon lagen die Leute im Anschlag, als ich vor dem Viereck ankam, es blieb mir nun nichts mehr übrig, als mich schnell hinzuwerfen und die Paar Schritte noch hinzukriechen.»[39] Sowohl Klencke als auch Baring entkamen und fanden mit anderen Überlebenden Zuflucht im Brigadekarree, wo Klenckes Wunden behandelt wurden. Doch viele hatten weniger Glück. Die Rettung von Hauptmann Jacobi kam einem Wunder gleich, denn Gruppen feindlicher Reiter zogen in einer Entfernung von nur zehn oder zwölf Schritt an ihm vorbei. Das Trauma dieser Belastung war die Ursache für einen zeitweiligen schweren Verlust seiner Sinne. «Niemand wußte genau, wie ich den Hufen der Rosse und den Schwertern der Reiter entgangen sei; es waren Augenblicke gewesen, in welchen nicht bloß bildlich, sondern thatsächlich Hören und Sehen vergangen; nur dunkel erinnerte ich mich, daß ich einige neben mir flüchtende Leute aufgefordert hatte, auf einzelne uns verfolgende Reiter zu feuern.»[40]

Die Anstrengungen der Franzosen, das Haus und den Innenhof einzunehmen, blieben aber erfolglos. Zur Untätigkeit verdammt, schaute Baring von der Hauptstellung aus zu, wie die Leutnants Graeme und Carey sowie Fähnrich Frank mit dem Rumpfbataillon und einigen Versprengten aus dem Lüneburger Feldbataillon unbeugsam aushielten.[41] Die Anzahl der Verteidiger betrug zu diesem Zeitpunkt wahrscheinlich kaum mehr als einige Dutzend. Vor allem die Scheune war weiterhin Schauplatz wütender Auseinandersetzungen.

Zum Glück für die Verteidiger versuchten die Franzosen nicht, die Mauern zu ersteigen, und die Legionäre blieben in der Lage, sie vom Dach des Schweinestalls aus zu beschießen. Andererseits wurden die Bemühungen der Männer auf den Hofmauern zur Straße durch die eigene Barrikade vereitelt, weil dahinter jetzt die Franzosen Deckung nahmen. Als Leutnant Graeme aus der Seitentür schlüpfte, die sich zur Straße hin öffnen ließ, um den Feind zu beobachten, fielen sofort drei Franzosen über ihn her, entwaffneten ihn und versuchten, ihn wegzuzerren. Feldwebel Diedrich Meyer kam ihm zu Hilfe, und es gelang ihm auch, Graeme zu befreien, aber er erhielt dabei selbst einen Schlag mit einer Muskete über den Kopf, wurde bewusstlos und gefangen genommen.[42] In der Nähe, auf gleicher Höhe mit La Haye Sainte, brachten die Franzosen drei Zwölfpfünder-Geschütze in Stellung, um d'Erlons Angriff auf die alliierte Hauptlinie zu unterstützen und vielleicht auch das Gebäude aus kurzer Entfernung sturmreif zu schießen.[43] In diesen Augenblicken am frühen Nachmittag war die Gefahr der Einnahme des Gehöfts am größten.

Entlastung kam von außerhalb. Die 1. und die 2. britische Kavalleriebrigade griffen die vorrückenden und unorganisierten Franzosen an. Innerhalb von Minuten floh ein großer Teil von d'Erlons Korps, besonders die Brigade Aulards rund um La Haye Sainte, den Hang hinunter zurück zur Großen Batterie. Im Nu wurden die drei französischen Zwölfpfünder überrannt, und es dauerte viele Stunden, bis Napoleon Geschütze wieder so nah an die Gebäude heranbringen konnte. Eine Weile wurden die britischen Reiter von französischen Plänklern im Küchengarten und in der Sandgrube ebenso wie von französischen Kürassieren aufgehalten. Die Luft hallte wider von dem charakteristischen Klang der auf Helme und Brustpanzer krachenden Säbel: «Man konnte meinen, es waren viele Kesselflicker am Werk», erinnert sich Lord E. Somerset.[44] Etwa um diese Zeit warf ein Karabinerschuss den legendären Boxer, den Obergefreiten Shaw, von der 2. Gardekavallerie aus dem Sattel; er kroch zu den Hofmauern von La Haye Sainte und verblutete dort. Bald wurde der Feind jedoch an dem Gehöft vorbeigetrieben, wo ein frohlockender Leutnant Waymouth von der 2. Gardekavallerie Leutnant Graeme beobachtete, der noch immer auf seinem Posten auf dem Dach des Schweinestalls ausharrte. Als sie den Hang hinuntergaloppierten, gerieten die Männer der 1. Kavalleriebrigade unter Beschuss durch französische Schützen im Obstgarten, der sie aber nicht ablenkte. Kurz danach wurden die Gardekavallerie und die Kürassiere zwischen den zwei hohen Dämmen der Straße nach Genappe genau vor dem Gutshof eingekeilt, ehe sich die britische Kavallerie den Weg freischlug.

Von ihrem Erfolg ermutigt und vielleicht von einem natürlichen Schwung getragen, griffen die beiden Brigaden die Große Batterie an und überrannten sie zeitweise. Dann wurden die britischen Reiter in aufgelöster Formation und auf außer Atem geratenen Pferden ihrerseits von französischen Ulanen attackiert, die ihnen schwer zusetzten. In der Zwischenzeit hatten die Franzosen den Platz um den Obstgarten von La Haye Sainte eingenommen. Die Krise war vorbei, und die Bilanz der Aktion ergab, dass der größte Teil von d'Erlons Korps und damit die Mehrheit der französischen Infanterie bis zum späten Nachmittag aus dem Kampf ausgeschaltet war. Für ein paar Stunden war das französische Zentrum weitgehend zur Zuschauerrolle verdammt, während die Offiziere versuchten, ihre Männer zu sammeln. Der Obergefreite Canler gehörte zu denjenigen, die den Rest des Nachmittags damit zubrachten, eine Vorpostenlinie zu besetzen, um die Flüchtigen einzufangen und sie wieder ihren Einheiten zuzuführen. Nur die Division von Durutte ganz rechts auf der französischen Linie, am weitesten von La Haye Sainte entfernt, blieb relativ ungeschoren.

Der Angriff der britischen Kavallerie verminderte den Druck auf La Haye Sainte erheblich, zumindest für eine Weile. Als sich die französische Infanterie hinter das Gehöft zurückzog, führte Leutnant Graeme einen Ausfall durch das vordere Tor an. Die Deutschen stachen mit ihren Bajonetten «mit unwiderstehlicher Wuth» in die dicht gedrängte Masse der Feinde, so Lindau. Man jagte die Franzosen weit hinter die Barrikade zurück, wo sie sich, als die Kavallerie sie einholte, bald ergaben. Graeme bewachte die Männer, bis sie von den zurückkehrenden britischen Husaren in Gefangenschaft geführt wurden.

Da die Verbindung mit der Hauptstellung wieder bestand, kehrte Baring in das Gehöft zurück, und die Schützen des 95. Regiments schlichen in die Sandgrube. Erneut bezogen die Legionäre Stellung hinter der Barrikade, von wo aus sie sich Feuergefechte mit den Plänklern im Obstgarten und weiter unten am Hang lieferten. Jetzt hatten sie Gelegenheit, den Schauplatz des Gemetzels rund um das Gehöft zu überblicken, der mit toten und verletzten Körpern «buchstäblich bedeckt» war; die meisten Opfer gehörten zur feindlichen Seite. Auch der Brigadekommandeur Aulard lag dort tot oder sterbend im Schlamm, desgleichen Rignon, der Kommandeur des 51. Linienregiments, Bonnet, der Kommandeur des 2. Bataillons des 105. Linienregiments, und Marrens, der Kommandeur des 2. Bataillons des 28. Linienregiments, so wie viele andere jüngere Offiziere und einfache Soldaten. Mindestens ebenso viele waren verwundet. Leutnant Graeme erinnert sich, dass sich selbst seinen «ältesten Soldaten» niemals zuvor «ein solcher Anblick geboten» habe.[45] Er sah einen bedauernswerten Franzosen in einer Lache liegen, mit so schweren Verwundungen, dass er versuchte, sich mit seinem Degen zu töten, was ein Schütze verhinderte. Wir wissen nicht, ob er überlebte.

Die deutschen Verwundeten wurden zu der Verwundetenstation in dem zurückeroberten Küchengarten getragen, wo Wundarzt Heise und seine Assistenten sie versorgten. Über ihre Arbeit sind uns keine Berichte erhalten, aber sie muss ungeheuer aufreibend gewesen sein. John Haddy James, Assistenzarzt des 1. Garderegiments, beschreibt «die hastige Operation ... die entsetzlichen Anblicke ... den bluttränkten Operationstisch ... die Qualen der Amputationen, wie schnell sie auch durchgeführt wurden, und die noch längeren Qualen einer Untersuchung».[46] Die meisten Wunden stammten von Bajonetten, Säbeln oder Musketentreffern. Die Schüsse rissen beim Opfer eher große Wunden, als dass sie es glatt durchschlugen; die weiche Bleikugel verformte sich beim Einschlag, zerschmetterte oder riss Gliedmaßen ab und machte häufig schmerzhafte Amputationen nötig, die ohne jegliches Betäubungsmittel außer Alkohol erfolgten. Die Verwundetenstation im Nebengebäude muss bald überfüllt gewesen sein, und die weniger schweren, vielleicht auch einige hoffnungslose Fälle wurden wahrscheinlich an die Innenseiten der Hofmauern gelehnt, wo es noch vergleichsweise sicher war. Am Ende der Belagerung legte man die verwundeten Soldaten auch in die Betten im ersten Stock des Hauses.

Als Baring sich eine Übersicht über die Lage verschaffte, fand er seinen Führungsstab sehr dezimiert. Unter den Offizieren gab es drei Tote, Bösewiel, Schaumann und Robertson, und sechs Verwundete. Mindestens ein Offizier, Leutnant Biedermann, kehrte von der Hauptstellung nicht zurück und beobachtete das Ende der Schlacht aus einem der Karrees dort.[47] Etwa siebzig Soldaten waren entweder tot oder gefangengenommen, befanden sich noch hinter dem Hohlweg, waren schwer verwundet oder aus anderen Gründen untauglich. Die ihm verbliebene Streitmacht bestand aus höchstens 300 Männern, verstärkt durch einige Versprengte von den Lüneburgern, aus den Kompanien von dem Bussches und vielleicht Spörckens hannoverschen Jägern. Baring forderte jetzt Verstärkung an. Wellington reagierte mit der Entsendung von zwei Kompanien aus dem 1. leichten Bataillon, weiteren Schützen unter dem Kommando der Hauptleute von Gilsa und von Marschalck. Diese wurden in den Küchengarten geschickt. Baring beschloss, den Obstgarten nicht wieder zu besetzen – vielleicht weil er nicht über genügend Männer verfügte, um ein so ausgedehntes Gebiet zu halten. Er selbst schloss sich dem Rumpfbataillon im Hof an, das dort, so gut es ging, Schutz vor dem unaufhörlichen Beschuss suchte, und wartete ab.

KAPITEL 5

Inferno

~

Am frühen Nachmittag musste Napoleon erkennen, dass er ein größeres Problem hatte. Zunächst sah er, dass sich der Rauch über La Haye Sainte nicht vorwärts bewegte, sondern zäh wie eine Wolke über den Gebäuden hing. Dann beobachtete er die überstürzte Flucht des größten Teils von d'Erlons Korps. Zudem wusste Napoleon, und das machte alles noch schlimmer, dass sich von Nordosten die Preußen näherten. Deshalb entsandte er als Schutzschild für die rechte Flanke eine starke Kavallerietruppe, bis Marschall Grouchy, der von der Verfolgung der Preußen abgezogen wurde, ankäme; um die Preußen von dem Dorf Plancenoit auf der Ostseite des Schlachtfeldes fernzuhalten, schickte er beträchtliche Infanteriekräfte ins Feld. Die größten Kopfschmerzen bereitete ihm jedoch der zähe Widerstand der Deutschen in La Haye Sainte – Napoleon schätzte ihre Zahl später auf eine ganze Division, das heißt auf viele tausend Mann. Die Gebäude stellten einen Wellenbrecher dar, an dem der Zusammenhalt des französischen Vormarschs zerschellte, und ein Bollwerk, das ihn daran hinderte, Artillerie nach oben zur alliierten Hauptlinie zu schaffen, um diese aus größerer Nähe unter Beschuss zu nehmen. Hippolyte Mauduit, der bei Waterloo als Grenadier in der Alten Garde diente, erinnert sich, dass «das Vorrücken wirklich harte Arbeit» war.[1] Der Kaiser benötigte weitere Informationen. Vielleicht ritt aus diesem Grund ein wagemutiger einsamer Kürassier hinauf zu der Barrikade, die die Schützen wieder aufgebaut und besetzt hatten, blickte kurz hinüber und galoppierte davon, ehe die Männer der Besatzung, die annahmen, es handle sich um einen Überläufer, richtig reagieren konnten. Der Reiter wich den Kugeln, die ihm hinterhergeschickt wurden, geschickt aus und muss dann berichtet haben, die Stellung befinde sich noch fest in den Händen des Feindes.

Die Optionen des Kaisers waren begrenzt. Die Garnison in Grund und Boden zu schießen, würde angesichts des Kalibers der Geschütze – Sechs- und Zwölfpfünder sowie 5.5-Zoll-Haubitzen –, die ihm zur Verfügung standen, zu lange dauern. Das robuste Mauerwerk des Gehöfts vermochte dem allermeisten, was die Große Batterie darauf abschießen konnte, zumindest für geraume Zeit zu widerstehen.[2] Seine Mauern sind so dick, dass selbst heute ein schnurloses Telefon im Innern nicht benutzt werden kann. Der Belagerungstross mit größeren Geschützen war zu weit entfernt. Einige leichte Artilleriegeschütze heranzuholen, um das Tor zusammenzuschießen, wäre vielleicht möglich, aber wegen des beständigen Büchsenfeuers der Verteidiger extrem riskant gewesen; eine ähnliche Konstellation führte im weiteren Verlauf der Schlacht zum raschen Tod der Geschützmannschaften durch Scharfschützen der alliierten Hauptlinie. Es war also nichts zu machen. Ein direkter Infanterieangriff musste die Deutschen aus ihrer Stellung vertreiben. Doch auch hier gab es ein Problem. Die meisten Männer von Reille waren bei Hougoumont gebunden. Lobaus Korps oder die Garde konnte Napoleon erst einsetzen, wenn er sich der Preußen versichert hatte – und ein Großteil von d'Erlons

Korps blieb erst einmal ein Scherbenhaufen. Bis das Korps sich wieder gesammelt hatte, konnte Napoleon nur auf Schmitzs Männer rings um den Obstgarten zurückgreifen und einige von Duruttes Leuten von der rechten Flanke herüberholen. Merkwürdigerweise blieb die bisher noch nicht eingesetzte Division Bachelus aus dem Zweiten Armeekorps unter Reille auf der Linken, wie ihr Generalstabschef Trefcon sich erinnert, «Gewehr bei Fuß immer in derselben Stellung. Wir erhielten keine Befehle».[3] Unterdessen nahm die französische Große Batterie den Beschuss wieder auf.

Wellington richtete sein Augenmerk jetzt fast ausschließlich auf das eigene Zentrum. Er ließ Hougoumont nicht außer Acht, das wiederum verstärkt wurde, verbrachte aber den Rest der Schlacht in der Nähe der Straßenkreuzung. Lamberts Brigade wurde hinter das Gehöft verlegt. Auch die Preußen erkannten die Bedeutung des Hofes. Prinz August von Thurn und Taxis, als bayerischer Verbindungsoffizier bei Blücher eingesetzt, hatte von der preußischen Vorhut am Wald von Fichermont aus einen guten Überblick und beschrieb die Lage folgendermaßen: «der französische rechte Flügel [griff] den englischen linken bei La-haye-Sainte nicht nur mit der größten Heftigkeit an, sondern, [drängte] ihn eine Pointe machend, von diesem Punkte [ab und trachtete] gleichsam sein Zentrum … aufzurollen …, wahrscheinlich um jede Vereinigung und selbst jede Kommunikation zwischen beiden Armeen, der des Herzogs nämlich und der unserigen, unmöglich zu machen.»[4] Deshalb, so Thurn und Taxis, schickte Wellington immer dringendere Bitten um Beistand an Blücher.

~

Die Erholungspause in La Haye Sainte währte nicht lang. Ney befahl einen weiteren Angriff auf das Gehöft mit 3000 Mann. Etwa um 15 Uhr marschierten zwei französische Heeressäulen von zwei Seiten auf die Gebäude zu. Wie zuvor erhoben die Angreifer ein lautes Geschrei und stießen «Es lebe der Kaiser!», «Vorwärts, meine Kinder!» und andere bekannte Rufe aus.[5] Diesmal rückten sie jedoch mit einigem Zögern vor, was angesichts des früheren Empfangs seitens der Verteidiger nicht überraschen kann. Ney, der das beobachtete, sandte verärgert seinen Adjutanten Octave Levavasseur mit der Order nach vorn, man solle sich beeilen. Er traf auf zwei Kompanien Pioniere, die hinter einer Böschung Schutz suchten. Ihr Hauptmann – der offensichtlich nicht erwartete, dass er den Sturm überleben würde – übergab Levavasseur seine Karte und sagte: «Herr Adjutant, nehmen Sie, hier steht mein Name.» Dann befahl er dem Trommler, das Zeichen zum Angriff zu geben, und die Pioniere drängten zu «Vorwärts»-Rufen nach vorn, gefolgt von der wartenden Infanterie.[6]

Baring erinnert sich, er habe noch nie so viel verzweifelten Mut und solche wilde Entschlossenheit bei einem Feind gesehen. Die Deutschen hinter der Barrikade hielten die feindlichen Plänkler für geraume Zeit auf Abstand, doch als die Hauptmacht der Franzosen erschien, riskierten sie, überwältigt zu werden. Graeme führte seine Leute erneut zum Gehöft zurück und befahl dem Soldaten Lindau, das Tor zu schließen und zu verriegeln. Einige Schützen feuerten nun wechselweise aus den Schießscharten, indem sie nach jedem Schuss rasch zurücktraten, um neu zu laden und einem anderen Scharfschützen zum Zielen Platz zu machen. Andere reihten sich in die Stellung auf der Hofmauer ein und feuerten auf die darunter liegende Straße und in den Obstgarten. Wiederum erlitten die dicht an dicht stehenden Franzosen schreckliche Verluste, doch einigen von ihnen gelang es, die vorstehenden Büchsen zu erfassen oder durch Lücken in der Mauer zu schießen. Auf diese Weise fielen mehrere Verteidiger an den Schießscharten und im Innenhof, andere stürzten vom Schießgerüst über ihnen herunter. Für kurze Zeit errangen die Franzosen die Kontrolle über die Schießscharten. Fünf Legionäre vertrieben sie; der Obergefreite Riemstedt und die Schützen Lindhorst und Lindenau erlitten bei dem Angriff Verwundungen, wofür sie später ausgezeichnet wurden.[7] Während der ganzen Zeit hieb der Feind mit seinen Äxten wütend auf das Haupttor ein, es gelang ihm aber nicht, das harte Eichenholz zu zerschlagen.

Der schwächste Punkt Barings betraf die andere Seite, wo das fehlende Tor die Scheune weit zum Feld hin öffnete. Unbarmherzig drangen die Franzosen hier in Scharen vor und wurden immer wieder niedergestreckt. Der Schütze Ludwig Dahrendorf gehörte zu den Verteidigern der Scheune; trotz beträchtlichen Blutverlusts aufgrund von drei Bajonettstichen weigerte er sich, seinen Posten zu verlassen.[8] Die Schützen Christoph Beneke, ein Versprengter aus dem 1. leichten Bataillon, und Friedrich Hegener versuchten verzweifelt, die an Stelle des Scheunentors improvisierte Barrikade zu halten; Letzterer erhielt dabei einen Bajonettstich ins Bein.[9] Auch er widersetzte sich der dringenden Aufforderung seines Offiziers, sich aus dem Kampf zurückzuziehen, um die Wunden versorgen zu lassen.[10] Baring zählte siebzehn tote Feinde, die bald einen niedrigen Wall darstellten, hinter dem ihre Kameraden Schutz vor dem tödlichen deutschen Büchsenfeuer suchten.[11] Wie vorher lenkte Baring die Operationen vom Pferd aus, obwohl er in dem überfüllten Hof ein markantes Ziel bot. Ein weiteres Pferd wurde unter ihm weg-

Verteidigung des offenen Scheunentors von La Haye Sainte. Ausschnitt aus der kolorierten Lithographie «Den Helden von / Waterloo, Quatre Bras und Ligny / zur 50jährigen Jubelfeier» von W. Peters nach Gemälden von Christian Sell, 1864.

geschossen, und seine Ordonnanz ritt mit den übrigen Pferden davon, überzeugt, dass er tot sei. Baring griff sich daraufhin eins der vielen reiterlos umherirrenden Tiere. Diese Kampfhandlungen entlang der Grenze des Gehöfts dauerten etwa eine Stunde. Die Deutschen hielten immer noch stand, doch da der Druck zunahm, schien es nur eine Frage der Zeit zu sein, bis die Franzosen durch das Tor oder die Scheune brechen oder die Hofmauern überrennen würden.

Wiederum war es eine Kavallerieattacke, die der Garnison zu Hilfe kam, dieses Mal eine französische. Da Marschall Ney die Verschiebung der alliierten Hauptlinie – die dazu diente, dem Artilleriebeschuss auszuweichen – fälschlicherweise für das Zeichen eines allgemeinen Rückzugs hielt, befahl er etwa um 16 Uhr mehrere Kavallerieangriffe auf die alliierte Linie zwischen Hougoumont und La Haye Sainte, um gegen die Karrees auf den rückwärtigen Hängen vorzugehen. Beobachter beschreiben eine «kochende Woge» von Reitern, die an der Seite hinauf und um die Rückseite des Gebäudes herum stürmten. Hauptmann William Siborne schreibt: «der ganze Raum zwischen La Haye Sainte und Hougoumont schien eine einzige funkelnde Masse zu sein».[12] Die Linienbataillone der Königlich Deutschen Legion befanden sich im dichtesten Getümmel hinter La Haye Sainte und bildeten «Karrees» mit jeweils etwa dreihundert Männern. Die Bedingungen innerhalb einer solchen Formation – die ein mehr oder weniger gelungenes Quadrat mit gleich langen Seiten oder ein Rechteck oder auch völlig unregelmäßig sein konnte – waren grausig. Die Feldwebel und Offiziere schoben oder stießen die Männer, von denen einige bloß verängstigte Jungen waren, jedes Mal, wenn das Musketen- oder Artilleriefeuer die Ränge gelichtet hatte, wieder in die Formation zurück und hielten nur inne, um nach «Täuschung» oder «Ausflucht» unter den zu Boden Gefallenen zu suchen.[13] Die Toten wurden nach vorne hinausgeworfen, die Verwundeten hockten im Zentrum. In der Mitte des Karrees des 5. Linienbataillons behandelte der Wundarzt Georg Gerson geduldig und ohne Rücksicht auf die eigene Sicherheit die Verwundeten, einschließlich derjenigen aus der benachbarten hannoverschen Formation. Seine Aufopferung und sein Mut erregten die Bewunderung des Brigadekommandeurs, des Obersten von Ompteda.[14]

Kein einziges der alliierten Karrees wurde durch die Tausende von Kavalleristen Neys aufgebrochen, doch das populäre Bild einer wirkungslosen Woge von Reitern, die vergeblich an den Rand des soliden Felsens der Infanterie schlägt, ist irreführend. Einige französische Kavalleristen quälten die Karrees, indem sie aus der Nähe mit Pistolen auf diese feuerten, während Plänkler zu Pferde ihr Spiel mit ihnen trieben und mit Karabinern schossen, um sie zu nutzlosen Salven in Bereiche jenseits ihrer Reichweite zu verleiten. Die Deutschen antworteten mit dem Einsatz von Scharfschützen, um sie zu vertreiben.[15] Zwischen den Attacken suchten Neys Reiter Deckung in den zahlreichen Bodenfalten, wo sie für die alliierte Hauptlinie oft unsichtbar waren. Die Kommandeure bezogen unterdessen Position auf nahe gelegenen Anhöhen, um den Feind zu beobachten und den Augenblick zu erwischen, wenn er in Bewegung ertappt werden konnte.

Das Ergebnis war ein tödliches Spiel mit Schere, Stein, Papier, das während des Nachmittags und am frühen Abend rund um das Gehöft gespielt wurde. Omptedas Brigade musste sich zum Schutz vor dem schweren Artilleriefeuer verteilen. «Um unsere Karrees zu vernichten», erinnerte sich Leutnant Wheatley vom 5. Linienbataillon, «erfüllte der Feind die Luft mit Granaten, Haubitzen und Bomben,[16] so dass das ganze Bataillon alle fünf oder sechs Minuten auf dem Gesicht lag und wieder aufsprang», sobald die Gefahr vorüber war.[17] Wollten die Soldaten d'Erlons neu formierter Infanterie die Stirn bieten, mussten sie in Linie antreten. Wollten sie aber Neys Kavallerie zurückwerfen, mussten sie Karrees bilden, die sie für Artilleriefeuer sehr verwundbar werden ließen. Hier machten der rechte Zeitpunkt und das richtige Urteil den Unterschied zwischen Überleben und Untergang. Etwa um drei Uhr nachmittags, als die zweite französische Attacke begann, wurde das 5. Linienbataillon der Königlich Deutschen Legion erneut nach vorne beordert, um den Verteidigern beizustehen. Erneut bedrohte die französische Kavallerie sie, und nur die Hilfe britischer Reiter, die sich in der Nähe befanden, ermöglichte den Deutschen, ein Karree zu bilden und dem Schicksal des 8. Linienbataillons und von Klenckes Lüneburgern zu entgehen. Bei einer anderen Gelegenheit kam die Rettung von den Husaren der Königlich Deutschen Legion.[18] Man hätte dieses Spiel theoretisch unendlich wiederholen können, allerdings mussten die Deutschen dabei immer Glück haben, während der französischen Kavallerie ein einziges Mal genügen würde.

In dem ringsum tobenden Kavalleriesturm stellten das Gehöft und sein Gelände für kurze Zeit eine kleine Oase der Ruhe dar. Für die Reiter war es schwierig, in dem von Barrikade, Sandgrube, tief gelegener Straße und Gehöft gebildeten Viereck zu operieren. Die Infanterieangriffe ließen etwas nach, da die französischen Fußsoldaten den Weg für die Reiter frei machten, damit diese sich aufstellen konnten. Nach dem ersten fehlgeschlagenen Ansturm zogen sie mit der zurückkehrenden Kavallerie entmutigt ab, die Hurra- und Spottrufe der Deutschen klangen ihnen in den Ohren. Einige strahlende Augenblicke lang hatten Baring und seine Männer in den dramatischsten Ereignissen der Schlacht einen guten Ort. Sie beobachteten, wie sich vier Kavallerielinien rechts vor dem Gehöft formierten: Kürassiere (schwere Kavallerie), gefolgt von Ulanen (mit langen Lanzen bewaffnet), dann Dragoner (eigentlich berittene Infanterie, doch praktisch schwere Kavallerie) und schließlich Husaren (leichte Kavallerie).[19]

Die Verteidiger blieben jedoch keine müßigen Zuschauer. Sie wussten, dass die Reiter die eigenen Divisionskameraden auf den rückwärtigen Hängen angriffen und dass eine erneute Attacke auf das Gehöft nicht lange auf sich warten ließe, wenn der Gegner bei seinem Einsatz Erfolg hätte. Als die französische Kavallerie die Gebäude passierte, befahl Baring seinen Männern, das ganze Feuer auf die exponierte rechte Flanke zu konzentrieren. Sie hasteten aus den Gebäuden nach Westen und überschütteten den Feind mit einem Kugelhagel – vermutlich sofort nach innen zurückspringend, wenn ein Reiter zu nahe herankam. Zahlreiche Pferde und Reiter wurden niedergeschossen; aber «ohne sich im mindesten um unser Feuer zu kümmern», stürmten die Überlebenden weiter auf die alliierten Karrees zu.[20] Feldwebel Georg Stöckmann zeichnete sich nicht nur dadurch aus, dass er einem Kürassieroffizier das Pferd wegschoss, sondern auch dadurch, dass er sich danach über die Hofmauer schwang und den Franzosen unter dem Feuer und den Augen der vorrückenden feindlichen Kavallerie gefangennahm.[21]

Es dauerte nicht lange, bis die Franzosen ihre Infanterieangriffe wieder aufnahmen. Die deutschen Scharfschützen auf dem Schweinestall und den Hofmauern beschossen insbesondere die auffälligen Offiziere. Der Soldat Lindau führte eine Art persönlichen Rachefeldzug gegen einen Kommandeur, der die vorrückenden Kolonnen lenkte. Er hatte den Franzosen schon lange auf dem Korn und fällte schließlich dessen Pferd, das den Reiter unter sich begrub. Nicht lange danach unternahmen die Schützen einen weiteren Ausfall. Die am nächsten stehenden Feinde wurden niedergestochen, der Rest floh. Lindau verfolgte sie über eine gewisse Distanz, bis er den französischen Offizier erblickte, der noch immer unter seinem toten Pferd feststeckte. Der Deutsche griff nach dessen goldener Uhrkette, und als der Offizier den Degen hob, um ihn davon abzuhalten, gab Lindau ihm einen Kolbenstoß mitten vor die Stirn. Schnell schnitt er den Mantelsack los, aber als er sich den Goldring des Opfers aneignen wollte, machten ihm die Ereignisse einen Strich durch die Rechnung. «Mach, daß du wegkommst», riefen ihm seine Kameraden zu, «die Kavallerie setzt an.» Lindau lief zum Rest der Männer, die den Feind mit einer Salve verjagten. Als er sich auf der Heerstraße umblickte, bemerkte er zu seiner Genugtuung, dass die toten Franzosen in der Nähe der Barrikade «schon mehrere Fuß hoch lagen». Mit einer Geste der Barmherzigkeit hielt er jedoch einen Augenblick inne, um einem Verwundeten, der mit einer Schusswunde im Bein in einem Wassertümpel lag und vor Schmerzen laut schrie, zu helfen. Lindau ergriff seine Arme, während ein anderer Schütze die Beine nahm; gemeinsam trugen die beiden Deutschen den Franzosen zur Hofmauer und legten seinen Kopf dort auf einen toten Kameraden.[22] Lindau gelang es außerdem, einen Feind um dessen Geldbörse voller Goldmünzen zu erleichtern. Als er die Beute Baring anbot, damit dieser die Münzen aufbewahre, weigerte sich sein Kommandeur: «Wer kann wissen, was uns heute noch bevorsteht», entgegnete er, «du mußt selbst zusehen, wie du das Geld am besten aufbewahrst.»[23]

Kurz danach wurde Lindau von einem Geschoss am Hinterkopf getroffen. Er widersetzte sich Leutnant Graemes Befehl, sich medizinisch versorgen zu lassen. «Nein», gab er zur Antwort, «solange ich stehen kann, bleibe ich auf meinem Posten.» Der Schütze befeuchtete sein Halstuch mit

Rum und bat einen Kameraden, Rum in die Wunde zu gießen und ihm das Tuch um den Kopf zu binden. Dann befestigte Lindau seinen Tschako am Tornister, lud die Büchse und kehrte ins Kampfgeschehen zurück. Trotz seiner Verletzungen scherzte er mit Leutnant Graeme auf dem Gerüst und warnte ihn, sich nicht so weit über die Mauer zu beugen. «Das thut nichts», lautete die Antwort des Schotten, «laß die Hunde schießen.» Nicht lange danach wurde der Leutnant jedoch an der Hand verwundet, die er mit einem Taschentuch verband. Lindau rief: «Jetzt, Herr Hauptmann [sic], können Sie zurückgehen!» «Ei was», erwiderte Graeme, «nicht zurückgehen, daß thut nichts!»[24] Der Offizier war gerade einmal achtzehn Jahre alt.

Im Küchengarten wehrten die Verstärkungen aus dem 1. leichten Bataillon alle französischen Attacken ab. Am äußersten Ende hielt der Obergefreite Diedrich Schlemm ein stetiges Feuer aufrecht, bis ein Lungenschuss ihn zur Aufgabe zwang. Der Obergefreite Henry Müller, einer der besten Scharfschützen des Bataillons, setzte mit Hilfe zweier Schützen, die ihm zwischen den Schüssen seine Waffen nachluden, seinen Kampf gegen einzelne französische Offiziere fort. Dieses Mal zielte er auf den Kommandeur einer Kolonne, der säbelschwingend mit dem Ruf «Avancez» herangaloppierte. Als Müller den Offizier tötete, zogen dessen Männer sich sofort ungeordnet zurück.[25] Ein weiterer Obergefreiter, Friedrich Reinecke, war mit zehn Männern in einer Lücke der Hecke postiert, von wo aus er wiederholt feindliche Attacken zurückwarf.[26]

Obwohl sie bereits weit in Unterzahl waren, begünstigte die Schützen der Umstand, dass die französische Linieninfanterie Schwierigkeiten hatte, einen weitgehend verborgenen und häufig liegenden Feind mit ihrem ganzen Salvenfeuer zu treffen. Oft konnten sie nicht einmal schießen, es sei denn, die Männer vor ihnen wurden getötet oder traten zur Seite. Überdies befanden sich die Männer aus Barings Bataillon als leichte Infanterie in La Haye Sainte in ihrem Element, häufig arbeiteten sie zu zweit, wie sie das als Plänkler trainiert hatten. In relativ offenem Gelände wie einem Garten zielte und schoss der vordere Mann, während der Partner nachlud oder ihn mit geladener Waffe deckte, ehe er entweder nach vorne rückte, am Partner vorbei, oder wartete, bis der Partner hinter ihn zurückging, wenn der Druck von vorne zu stark war. Das schuf oft eine enge Bindung zwischen den Männern, die mit der Zeit unverbrüchlich wurde und in hohem Maß zu Zusammenhalt und Kampfkraft der leichten Infanterie beitrug.

Baring war vom Mut seiner Männer tief beeindruckt. «Nichts», erinnerte er sich, «konnte indeß den Muth unserer Leute beugen», sie «lachten» der Gefahr ins Gesicht. «Dies sind die Augenblicke», schrieb er, «wo man fühlen lernt, was der Soldat einer dem andern ist, was eigentlich das Wort Kamerad in sich faßt.»[27] Als die Kämpfe gegen 17 Uhr ein wenig abflauten, wurde die kritische Lage der Garnison deutlich. Fieberhaft trieb Baring die Männer an, die von der französischen Artillerie und Infanterie verursachten Schäden zu beheben. Verschärfend wirkte der Umstand, dass die intensiven Kämpfe den größten Teil der Munition gekostet hatten, mit der die Deutschen ausgerüstet gewesen waren. Deshalb schickte Baring einen Offizier zurück zu seinem Brigadekommandeur und forderte dringend frischen Nachschub an Kugeln und Pulver. Ompteda konnte ihnen aber nichts geben. Der Karren mit den Bataillonsreserven war während des Rückzugs am vorherigen Tag umgestürzt, und in den Felddepots gab es keine Büchsenmunition mehr.[28]

Ohnedies schien es unmöglich, umfangreichere Mengen an Munition in das Gehöft zu bringen, solange das Haupttor unter direktem französischem Beschuss lag. Auch der Zugang von der Rückseite her bot Gefahren. «Ganze Schwärme feindlicher Plänkler», so erinnert sich Edward Cotton, «hatten sich unmittelbar unter der Kammlinie unserer Stellung festgesetzt», wo sie «die Verbindung zwischen dem Hof und unserer Hauptlinie durchschnitten.»[29] Die britischen Schützen in der nahe gelegenen Sandgrube hatten reichlich Munition und hätten sie buchstäblich in den Hof werfen können, doch da sie zu einer anderen Brigade gehörten, fragte Baring bei ihnen vermutlich nicht nach; außerdem ist es höchst unwahrscheinlich, dass sie davon wussten, wie knapp im Gehöft Kugeln und Pulver geworden waren.

Mittlerweile gab es für Baring noch ein weiteres Problem. Kurz nachdem Graeme verwundet worden war, hörte Lindau aus dem Schuppen einen Schrei: «Hier wollen die Feinde durch!» Er bezog am Tor Stellung, aber Lindau hatte erst wenige Schüsse abgegeben, als er plötzlich dicken Rauch unter den Balken bemerkte. Da die Angreifer die Hoffnung auf ein Eindringen aufgegeben hatten, hatten sie das Gebäude in Brand gesetzt. Zum Glück war fast das ganze Stroh in der vorangegangenen Nacht zum Schlafen entfernt worden, doch das Feuer breitete sich trotzdem rasch aus. Der Teich im Hof enthielt genügend Wasser, aber die Schwierigkeit bestand darin, dass die Deutschen nichts hatten, womit sie das Wasser transportieren konnten. Alle Gefäße und Behälter waren entweder nachts verbrannt worden oder in der Barrikade gelandet. Die Schützen Wilhelm Wiese und Dahrendorf rissen sofort ihre Tschakos vom Kopf,[30] füllten sie mit Wasser und versuchten, das Feuer zu löschen, jedoch mit wenig Erfolg. Griffe das Feuer auf die übrigen Gebäude über, würde Baring sich zurückziehen müssen, damit seine Männer nicht lebendig verbrannten oder im Rauch erstickten.

~

Gegen 17 Uhr bereitete La Haye Sainte beiden Seiten große Sorge. Napoleon war entschlossen, den Meierhof einzunehmen und das alliierte Zentrum zu durchbrechen, ehe die Preußen eintrafen. Etwa um diese Zeit befahl er wohl Pegots Brigade gegenüber von Duruttes Division auf seiner rechten Flanke, die Gebäude erneut anzugreifen. Darüber hinaus setzte er die Junge Garde in Bewegung, um die Preußen aus Plancenoit zu vertreiben. Auch Wellington war beunruhigt. Anstatt dass ihm auf dem linken Flügel der Alliierten Scharen von Preußen zu Hilfe kamen, riskierte er jetzt, die Schlacht im Zentrum zu verlieren, während Blüchers Leute sie im Osten gewannen. Die Lage auf dem Hof wurde immer heikler. Abgesehen von der brennenden Scheune nagte der konstante Beschuss an den Nerven der Garnison. Rauch, Hitze und Staub machten die Männer durstig. Höllisch schlecht muss die Lage für die Schwerverwundeten gewesen sein, wenngleich es ihnen immer noch besser ging als den Verwundeten des Feindes, die außerhalb des Gehöfts herumkrochen oder einfach dalagen.

In der übrigen Brigade standen die Dinge nicht besser. Das 5. Linienbataillon der Königlich Deutschen Legion bildete in der Nähe des Hofes nach wie vor ein Karree, abwechselnd bedrängt von Artillerie, Infanterie und Kavallerie; seine Situation wurde zunehmend verzweifelter.[31] In der Nähe explodierten Munitionswagen und verstümmelten Männer und Tiere. Ein Augenzeuge war «schockiert beim Anblick zerbrochener Rüstungen; leblose Pferde, zertrümmerte Räder, Mützen, Helme, Schwerter, Musketen, Pistolen» lagen «still und schweigend» überall verstreut. Verängstigte, reiterlose Pferde galoppierten hin und her, trampelten auf Tote und Sterbende, manche standen nur noch auf drei Beinen, das zerschmetterte Glied hing nutzlos herab. Mehrere Tiere wurden erschossen, um sie von ihrem Elend zu befreien, und Leutnant Wheatley merkte an, «dass es ebenso ein Akt der Nächstenliebe gewesen wäre, hätte man den sich krümmenden, fiebernden, tödlich zerfleischten Soldaten, die sich auf der Erde wälzten, dasselbe angedeihen lassen».[32] Das Bataillonsprotokoll berichtet: «Nur das 5. Bataillon mußte wegen der Natur des eingenommenen Grundes» und weil es sich unterschiedlichen Gefahren ausgesetzt sah, «mobil sein, jetzt deployiren, dann ein Carré formiren weil es bei beiden Waffengattungen blosgestellt war.»[33] Nicht weniger als fünfmal griff die französische Kavallerie an und zog sich, wenn nötig, vor den Deutschen in eine Bodenfalte zurück. Dann bezog der Kommandeur Stellung auf einer nahe gelegenen Erhebung, und sobald er eine Gelegenheit ausmachte, den ahnungslosen Feind zu überraschen, befahl er seinen Männern, wieder vorzurücken. Ompteda, der mit dem 5. Linienbataillon Deckung gesucht hatte, nachdem sein Pferd niedergestreckt worden war, beauftragte verschiedene Männer, den französischen Kommandeur zu erschießen, doch keinem gelang das. Nach dem fünften Angriff wandte er sich schließlich an den Schützen Johan Milius, einen Versprengten aus dem 1. leichten Bataillon, der mit einem Kartätschenschuss im Bein verwundet im Karree lag. Dieser erklärte bereitwillig, sein Glück versuchen zu wollen, und nachdem er von mehreren Kameraden in eine Schießposition getragen worden war, holte er den unglücklichen französischen Oberst mit dem zweiten Schuss vom Pferd.[34]

Kurz nach 17 Uhr starteten die Franzosen mit zwei Kolonnen eine weitere massive Attacke auf das Gehöft, das durch den Brand in der Scheune in Rauch gehüllt war.[35] Etwa um dieselbe Zeit ritt einer von Wellingtons Adjutanten aus, um dem verbliebenen Teil von Omptedas Brigade den Befehl zu überbringen, die auf La Haye Sainte zumarschierenden französischen Kolonnen in Kämpfe zu verwickeln. Der Kommandeur des 5. Linienbataillons, Oberstleutnant von Linsingen, befahl seinen Männern sofort, in Linienformation aufzumarschieren. Kaum hatte er das getan, erschien schon wieder die französische Kavallerie und bedrohte seine rechte Flanke. Glücklicherweise wurde sie von in der Nähe stehender britischer Gardekavallerie stark bedrängt. Gerade noch rechtzeitig bildete das 5. Linienbataillon ein Karree, und die Gefahr war gebannt. Bald darauf erschien ein anderer Adjutant aus der Richtung von La Haye Sainte. «Fünftes Bataillon aufstellen und vorrücken», rief er eilig schon aus der Ferne; dadurch sollte der Hof entlastet werden. Ompteda trat aus dem Karree und fragte ihn freundlich: «Sollte es nicht rathsam sein, mit dem Carré vorwärts zu gehen und erst in der Nähe der feindlichen Infanterie Linie zu formieren?» Angesichts der mit knapper Not bestandenen Auseinandersetzung mit der französischen Kavallerie war das ein vernünftiger Rat, der aber die Geschwindigkeit des Bataillons erheblich vermindert hätte. «Gottverdammt», bellte der Adjutant schroff zurück, «mein Befehl lautet, Sie sollen sofort Gefechtsaufstellung einnehmen» – wahrscheinlich, weil die Lage in La Haye Sainte keine Verzögerung erlaubte. Durch den Ton seines Gegenübers gereizt, machte Ompteda militärisch förmlich kehrt und gab den Befehl zur Gefechtsaufstellung. Wie aus heiterem Himmel tauchte die französische Kavallerie wieder auf und dieses Mal war das zum Schutz des 5. Linienbataillons abkommandierte verbündete Reiterregiment nicht zur Stelle. Nur unter beträchtlichen Schwierigkeiten konnte das Bataillon rechtzeitig ein Karree bilden und den Feind, der bis auf acht Schritt herangerückt war, zurückschlagen.[36] Zum dritten Mal war das Glück dem 5. Linienbataillon treu geblieben.

Jetzt hatte Ompteda Gelegenheit, Barings Hilfeersuchen nachzukommen. Da es ihm selbst an Munition mangelte, schickte er das Nächstbeste zum Gehöft: die leichte Kompanie des 5. Linienbataillons unter Hauptmann von Wurmb. Das auf 227 Mann geschrumpfte, geschwächte Rumpfbataillon sah ihrem Abmarsch mit Bangen zu.[37]

Beim Überqueren des Geländes, das sie von dem Hof trennte, wurde Wurmbs Kompanie von französischer Artillerie bestrichen. Wurmb selbst wurde von einer Kanonenkugel getroffen und war sofort tot, weitere vierzehn Männer fielen, und der Fähnrich Walther erlitt eine leichte Verletzung. Dem Rest, etwa 85 einsatzfähigen Soldaten, gelang es, die Gebäude zu erreichen.[38] Als Liniensoldaten hoben sie sich in ihren normalen britischen Uniformen mit roten Jacken von den grünen Jacken der Männer Barings ab. Sie waren mit Musketen ausgerüstet, deren Munition nicht kompatibel mit der Büchsenmunition war. Deshalb entsandte Baring erneut einen Offizier mit einer noch dringenderen Bitte um Munition los. Als Antwort schickte Ompteda zweihundert Nassauer von der «Flankeur-Kompanie» des 1. Regiments.[39] Auch in diesem Fall wurde der Kommandeur, Hauptmann von Weitershausen, auf dem Weg zum Gehöft getötet.[40] Die übrigen scheinen unversehrt angekommen zu sein, aber weil auch sie mit Musketen bewaffnet waren, brachten sie keine zusätzliche Büchsenmunition mit. Baring postierte beide Gruppen im Hof.[41]

Bald zeigte sich, wie wertvoll die Nassauer waren. Baring bemerkte sofort die großen Feldkessel, die sie bei sich hatten, und erkannte, dass diese zum Löschen des Feuers in der Scheune verwendet werden konnten. Er riss einem vorbeigehenden Soldaten den Kessel von der Schulter, füllte ihn mit Wasser und schüttete es in die Scheune. Feldwebel Reese aus Tündern und Schütze Poppe schlossen sich ihm an. Viele Offiziere, besonders Leutnant Carey, folgten ihrem Beispiel, und bald beteiligte sich die ganze Garnison, so dass innerhalb weniger Minuten alle Feldkessel im Einsatz waren. Selbst die Verwundeten trugen ihren Teil bei. «Solange unsere Offiziere kämpfen und wir stehen können», verkündeten sie, «weichen wir nicht von der Stelle».[42] Es war ein gewagtes Unternehmen, weil die Schießscharten in den Hofmauern hinter ihnen nur schwach besetzt waren und die Franzosen die Deutschen beim Auffüllen der Kessel beschießen konnten. Um den Preis weiterer Verluste, einschließlich Reeses, der am Teich tödlich verwundet wurde, löschte man das Feuer – zumindest für den Augenblick.

Als Lindau und einige seiner Kameraden bemerkten, dass der Beschuss durch die französischen Musketen nachließ, versuchten sie, die Schießscharten zurückzuerobern. Gerade hatte er seine Waffe abgefeuert, als einer der Angreifer sie packte. «Sieh mal», bemerkte Lindau zu seinem Nachbarn, «der Hund hat meine Büchse gefaßt.» «Warte», erwiderte der Kamerad, «ich habe einen Schuß», und schoss den Franzosen nieder. Als ein weiterer Angreifer sein Glück versuchte, stach Lindaus rechter Nebenmann diesem ins Gesicht. Dann wollte Lindau seine Büchse zum Laden zurückziehen, doch «da flog eine Menge Kugeln an [ihm] vorbei, rappelten an den Steinen der Mauer, eine nahm [ihm] den wollenden Wulst von der Schulter, eine andere zerschmetterte [ihm] den Hahn an der Büchse», so dass sie nicht mehr abgeschossen werden konnte. Auf der Suche nach einer neuen Waffe eilte Lindau zum Teich, wo der sterbende Reese lag, doch als er dessen Waffe ergreifen wollte, deren Treffgenauigkeit bekannt war, machte dieser ein so «grimmiges Gesicht», dass Lindau ein Einsehen hatte und eine andere, in der Nähe liegende, an sich nahm. Er kehrte zu der Schießscharte in der Hofmauer zurück, hatte seine Kugeln aber bald schon wieder verschossen.[43]

Der Obergefreite Riemstedt und die Schützen Lindhorst und Lindenau hielten trotz ihrer Verletzungen im Innenhof weiter stand. Da sie keine Kugeln mehr hatten, benutzten sie Hirschfänger, Knittel und sogar Steine als Waffen. Als der Feind versuchte, durch Löcher im Mauerwerk auf die Männer im Innenhof zu zielen, pressten die drei sich eng an die Mauer, um aus der Schusslinie zu kommen, und schlugen den Angreifern die hervorstehenden Waffen aus der Hand.[44] Baring legte Lindau nahe, sich zurückzuziehen, um seine Wunden behandeln zu lassen, worauf dieser erwiderte: «Ein Hundsfott, der Sie verlässt, solange der Kopf noch oben ist!»[45] Auch der Feldwebel Friedrich Wittop wollte trotz Verletzungen an Hand und Arm weiter auf seinem Posten ausharren, ebenso der Schütze Philip Sandvoss, der eine schwere Brustwunde hatte, und der Obergefreite Ludwig Fabian, gleichfalls schwer verletzt. Als ihnen die Kugeln ausgingen, durchsuchten die deutschen Schützen die Taschen ihrer toten und verwundeten Kameraden nach mehr Munition, während Baring auf seinem Pferd umherritt und seinen Männern versicherte, frischer Nachschub sei auf dem Weg zu ihnen.

Irgendwann zwischen 18 Uhr und 18.30 Uhr zogen sich die Franzosen erneut zurück. Ihre letzte Attacke hatte fast neunzig Minuten gedauert. Der erschöpfte Baring stellte fest, dass seinen Männern im Durchschnitt jeweils nur noch drei oder vier Schuss zur Verfügung standen.[46] Er schickte zum dritten Mal einen Offizier mit der Forderung nach neuer Munition los – verbunden mit der Ankündigung, er sei andernfalls gezwungen, das Gehöft aufzugeben.[47] Die Moral blieb hoch. In der Kampfpause beeilten sich die Männer, die Schäden des Artilleriefeuers zu beheben, und bekundeten trotzig ihre Entschlossenheit, weiter zu kämpfen. «Keiner weicht von Ihnen», riefen sie ihrem Kommandeur zu, «wir fechten und sterben mit Ihnen.» Gleichzeitig wiesen sie jedoch «sarkastisch» darauf hin, dass sie ohne Kugeln, um auf die Franzosen zu schießen, nicht lange aushalten konnten.[48] «Keine Feder, auch die eines Mannes nicht, der solche Augenblicke erlebt hat, vermag die Gefühle zu beschreiben, die er in mir erregte», erinnert sich Baring. «Noch nie hatte ich mich so hoch gefühlt. Aber auch noch nie war ich in eine so grausame Lage versetzt gewesen, wo die Ehre mit der Sorge für die Erhaltung der Männer stritt, welche mir jetzt einen so unbegränzten Beweis von Zutrauen gaben.»[49] Diese Aussagen waren auch eine Rechtfertigung, Teil einer Verhandlung zwischen drei Seiten, die jetzt zwischen Baring, seinen Männern und seinem außerhalb stehenden Brigadekommandeur stattfand. Baring musste die Verteidigung eines entscheidenden Postens, die Erwartungen seiner Vorgesetzten und das traditionelle Ehrgefühl gegen das Leben seiner Männer, für die er die alleinige Verantwortung trug, abwägen. Der Munitionsmangel bot ihm eine goldene Brücke, über die er und seine Deutschen sich unter Wahrung ihrer Ehre zurückziehen konnten.

KAPITEL 6

Mann gegen Mann

~

Der Kampf um La Haye Sainte und damit die ganze Schlacht näherten sich ihrem Höhepunkt. Etwa um sechs Uhr abends machte unter den Deutschen außerhalb des Hofes die Nachricht die Runde, die Preußen kämen. Die Stimmung stieg. Leutnant Wheatley sah bei einem Blick nach links «einen dunklen Schwarm aus dem dichten Wald hervordrängen».[1] Nicht klar war jedoch, ob sie rechtzeitig und in ausreichender Stärke eintreffen würden, um die Lage im alliierten Zentrum entscheidend zu verändern. Mittlerweile hatte sich der größte Teil von d'Erlons Männern zu einem neuen Angriff gesammelt. Die Spitze sollte ein Sturm auf das Gehöft bilden, geführt vom 13. leichten Infanterieregiment, einigen Pionieren und Pegots Infanteriebrigade. Wellington, zutiefst besorgt wegen der Munitionsknappheit in La Haye Sainte, ritt näher an den Pachthof heran, um sich selbst ein Bild zu machen. Die Lage der Deutschen in den Gebäuden war verzweifelt. Ihr Kommandeur wusste, dass weder genügend Leute noch genügend Munition vorhanden waren, um einen weiteren entschlossenen Angriff abzuwehren.

~

Baring hatte wenig Zeit, sich über die missliche Lage Gedanken zu machen, da die Franzosen erneut in zwei mächtigen Kolonnen heranrückten. Zum vierten und letzten Mal schickte Baring einen Offizier mit der dringenden Forderung nach mehr Munition zu Ompteda[2] und drohte in schärfster Form, er müsste ohne Munition das Gehöft aufgeben; doch nichts kam. Dann stellte er sich den Angreifern entgegen. Anfangs konzentrierten die Franzosen sich auf die Scheune, wo sie wiederum Feuer legten.[3] Noch einmal gelang es den Deutschen, das Feuer zu löschen. Als ihre Feuerkraft jedoch aufgrund der fehlenden Munition nachließ, ermutigte das die Franzosen, auf die Mauern und Dächer von Scheune und Stallungen zu klettern. Von dort aus konnten sie die Verteidiger im Hof ungestraft beschießen, da die Deutschen das Feuer nur unregelmäßig zu erwidern vermochten. Andere erklommen die Mauern und sprangen in den Innenhof. Lindau erstach einen Angreifer mit dem Bajonett, der sofort über ihm zusammenbrach und dabei die Klinge dermaßen verbog, dass er sie wegwerfen musste.[4] Bald darauf stürmten die Franzosen durch das offene Scheunentor, das sich nicht mehr halten ließ; seine Verteidiger, einschließlich des unerschrockenen Lindau, zogen sich in den Innenhof zurück.

Aber alles kam noch schlimmer, denn die Deutschen wurden zusätzlich von einer zweiten Welle von Angreifern attackiert, die sich gegen das Haupttor warf. Die Franzosen rissen die Waffen, die die Verteidiger in die Schießlöcher gesteckt hatten, einfach weg. Trotzdem fielen Dutzende Feinde durch Büchsenfeuer, als sie sich den Hofmauern näherten. Schließlich gelang ihnen der Durchbruch im Haupttor.[5] Beim Eindringen wurden die Anführer mit Bajonetten erstochen, und der Rest besann sich zunächst eines Besseren. Durch die Garnison lief der Ruf: «Wehrt euch, wehrt euch! Sie kommen allerwärts über, zieht euch zusammen.»[6] Als sich Franzosen und Deutsche auf dem Kopfsteinpflaster Auge in Auge gegenüberstanden, war die Lage für kurze Zeit unentschieden.

Baring wusste, dass die Position der Garnison unhaltbar geworden war. Der Feind ergoss sich durch die Scheune und das Haupttor in den Hof, und seine Männer hatten alles bis auf die letzte Kugel verschossen. Weiterer Widerstand war zwecklos und der Rückzug keine Schande. Baring gab den Befehl zur Räumung. «Was mir diese Worte kosteten, und von welchen Gefühlen sie begleitet waren, möge der beurtheilen, der in gleicher Lage gewesen ist.»[7] Der Rückzug erforderte jedoch eine genaue Planung des zeitlichen Ablaufs und hing vom Halten des Küchengartens auf der anderen Seite des Hauses ab. Baring befürchtete, ein zu eiliger Abmarsch könnte die Verteidiger dort beunruhigen und sie veranlassen, eine Stellung aufzugeben, die vielleicht noch zu halten war. Aus diesem Grund überließ er den Leutnants Graeme und Carey sowie dem Fähnrich Frank die «Ehre» – und nahm damit ihren Tod in Kauf –, seinen Rückzug zu decken und die letzte Nachhut zu bilden. Baring zog durch den engen Durchgang ab und beriet sich im Küchengarten rasch mit seinen Offizieren. Da er die Lage dort als sehr heikel einschätzte, hielt er die Männer an, sich einzeln zur alliierten Hauptstellung durchzuschlagen. Die Kompanie im Garten oder das, was von ihr übrig war, zog sich unter dem Befehl des Obergefreiten Müller zurück, da Hauptmann Meyer verwundet und alle anderen Offiziere vermutlich tot, verwundet oder nicht anwesend waren.[8] Die Franzosen ließen sie ziehen.

Die Leutnants Carey und Graeme, Fähnrich Frank, Hauptfeldwebel Mevius, Stabsunteroffizier Wilhelm Stegen,

Oberjäger Heinrich Heise sowie die Schützen Lindhorst, Lindenau und der Gefreite Friedrich Breithaupt versuchten das Haus zu halten, um ihrem Kommandeur und der restlichen Besatzung Zeit zum Entkommen zu verschaffen.[9] Angesichts der knappen Munition war das keine leichte Aufgabe, und binnen kurzem feuerten die Franzosen in den Durchgang. Als einer von ihnen auf Frank schoss, durchbohrte Leutnant Graeme den Angreifer mit dem Bajonett und stach einem zweiten ins Gesicht. Die Hilfe in größter Not wurde ihm sogleich vergolten, denn Fähnrich Frank warnte ihn mit dem Ruf «Aufpassen», als ein Franzose seine Waffe auf Leutnant Graeme richtete. Aber der Schotte rief nur: «Macht nichts, laß den Schuft feuern.»[10] Zu seinem Glück zielte der Franzose noch, als Frank ihm mit dem Säbel durch Mund und Hals stach, so dass er sofort zu Boden ging. Doch fast unmittelbar danach zerschmetterte ein anderer Gegner mit einer Kugel Franks Arm direkt über der Hand und machte ihn damit wehrlos. Graeme sah sich nun vier Männern und einem Offizier gegenüber, die mit dem Ruf «Das ist der Schuft» auf ihn eindrangen und zu einem tödlichen Streich ausholten, den Graeme mit seinem Degen jedoch parieren konnte. Graeme fiel auf, dass die Franzosen, zweifellos erschöpft von dem traumatischen Nachmittag, «alle erschrocken und kreidebleich» aussahen. Er kämpfte sich frei, machte einen Satz durch den Eingang, gefolgt von einem Hagel an Schüssen und Flüchen, und brachte sich in Sicherheit.

Der Rest der Nachhut war nicht so glücklich. Oberjäger Heise, ein Versprengter des 5. Linienbataillons, erhielt während des Handgemenges einen Schlag über den Kopf und wurde gefangengenommen.[11] Dasselbe Schicksal erlitten ein weiterer Gefreiter und sieben Nassauer.[12] Bei den Franzosen gab es nun kein Halten mehr. Sie strömten in Massen in das Haus. Frank wurde von einer weiteren Kugel in die Brust getroffen und taumelte in einen Raum, wo er sich hinter einem Bett verbarg.[13] Seine Verfolger sahen ihn nicht, doch zwei verwundete Soldaten, die im selben Raum lagen, wurden nicht geschont. «Kein Pardon diesen grünen Schurken», riefen die Franzosen, bevor sie sie erschossen. Lindau war im Hof plötzlich von Franzosen umringt. Er nahm seine Büchse beim Lauf und schwang den Kolben gegen sie. Flüche erfüllten die Luft: «Couyons Hanovriens» und «Anglais». Ein Franzose fasste ihn an der Brust, es entspann sich ein Ringkampf zwischen den beiden Männern. Als ein weiterer Angreifer mit dem Bajonett nach ihm stach, parierte Lindau, indem er den ersten Gegner herumwirbelte. Versehentlich von der eigenen Seite getroffen, fiel der Franzose mit dem Ruf «Mein Gott, mein Gott!» zu Boden.[14] Jetzt eilte der Deutsche zur Scheune in der Hoffnung, auf diese Weise frei zu kommen, fand den Weg aber vom Feind besetzt. Also sprang er über einen Zaun, hinter dem er mit Hauptmann Ernst August Holtzermann, dem Bruder des gefallenen Philip, und einer Reihe anderer gefangengenommen wurde. Damit war zumindest für den Schützen Lindau die Schlacht vorbei.

Für die Männer, denen die Flucht aus dem Gehöft gelungen war, gab es keine Atempause. Leutnant Carey war beim Rückzug verwundet worden, wodurch sich die Zahl der Offiziere weiter verringerte. Den Schützen Dahrendorf, der bereits drei Bajonettstiche erhalten hatte und ständig Blut verlor, traf ein Kartätschenschuss ins linke Bein.[15] Der Oberwundarzt Heise gelangte sicher aus dem Gehöft und errichtete weiter hinten eine neue Verwundetenstation. Baring schickte alles, was von der Verstärkung übrig war, einschließlich der Versprengten, zu ihren angestammten Formationen zurück und sammelte die Überreste seines eigenen Bataillons. Das war keine leichte Aufgabe, weil im Meierhof mehrere Offiziere getötet, andere gefangengenommen worden waren, und von den übrigen war manch einer verwundet. Baring schloss sich jetzt den beiden Kompanien des 1. leichten Bataillons im Hohlweg unter dem Kommando von Oberstleutnant Louis von dem Bussche an, auch wenn seine Leute nichts hatten, womit sie auf die Franzosen feuern konnten.[16] Kaum hatte Graeme sich zu ihnen gesellt, als sie von Kürassieren angegriffen wurden. Der Leutnant und seine Männer stolperten in eine Mulde, von wo aus sie die französische Kavallerie gnadenlos beschossen – ihre Kugeln durchschlugen die dicken Brustpanzer. Vermutlich hatten ihre Kameraden aus dem 1. leichten Bataillon sie inzwischen mit neuer Munition versorgt.[17]

Nun wurde der taktische Wert des Gehöfts ganz offenbar. «Der Verlust von La Haye Sainte», erinnert sich Hauptmann John Kincaid vom 95. Schützenregiment in der nahe gelegenen Sandgrube, «hatte sehr schwerwiegende Folgen, da es dem Feind eine Stellung innerhalb unseres Gebiets verschaffte.»[18] Jonathan Leach schreibt später, dass sich das Haus sofort «mit feindlicher Infanterie füllte, die mehrere Stunden lang aus den Schießlöchern und den Dachfenstern ein schreckliches Feuer aufrechterhielt, wobei sie vor allem den kleinen Hügel bestrich, damit er für unser [britisches Schützen-]Bataillon unhaltbar wurde».[19] Entlang der Mauer errichteten feindliche Plänkler ein Gerüst zum Feuern und «schnitten» – nach Darstellung eines Augenzeugen – «Löcher in die Gartenhecke, die wie Fenster aussahen».[20]

Ney forderte frische Truppen an, um die Möglichkeiten eines Durchbruchs zu sondieren. Die berühmte Antwort von Napoleon lautete: «Truppen? Wo will er, dass ich sie hernehmen soll? Meint er etwa, ich könne sie machen?» Trotzdem marschierten beträchtliche französische Infanterieformationen hinauf zum Gehöft, und eine Batterie der berittenen Artillerie wurde auf einer Anhöhe in der Nähe der Gebäude in Stellung gebracht, von wo aus sie die alliierte Stellung aus nächster Nähe (300 Meter) unter Beschuss nehmen konnte, zum ersten Mal seit dem erfolglosen Angriff vom frühen Nachmittag.[21] «Ein kluger, tatkräftiger Bursche hielt den Posten La Haye Sainte, den wir verloren hatten», schrieb später ein britischer Offizier aus Packs Brigade, «und schickte eine starke Abteilung aus, die den Hügel im Schutz des Vorsprungs erreichte und eine Art getarnter Batterie aufbaute.»[22] Die französische Kavallerie nutzte die Mulden und Furchen im Boden in der Nähe des Meierhofs und griff mit frischer Kraft ins Kampfgeschehen ein.[23] Wieder einmal wurden die britischen Schützen aus der Sandgrube vertrieben und machten es dem Feind dadurch möglich, aus nur 80 Metern Entfernung auf die Männer im Hohlweg zu schießen. In rascher Folge wurde eine große Zahl alliierter Offiziere erschossen. Ein britisches, an der Straßenkreuzung stationiertes Infanterieregiment, die Nordiren des 27. Fußregiments Inniskillings, verlor in der Schlacht mehr als zwei Drittel aller Männer, der höchste Anteil unter vergleichbaren Formationen bei Waterloo. Es war, wie John Kincaid schreibt, «als läge das ganze Karree tot da … Ich hatte noch nie von einer Schlacht gehört, in der alle getötet wurden», fügte er hinzu, «doch dies schien eine Ausnahme gewesen zu sein, da einer nach dem andern fiel.»[24]

Hauptmann Shaw-Kennedy, der im Stab des Generalquartiermeisters diente, berichtet, nach dem Verlust des Gehöfts «drohte unmittelbare Gefahr und der Ausgang war zu keinem anderen Zeitpunkt des Gefechts so gefährdet wie in diesem Augenblick.» Weil die Hannoveraner und die Legionäre in den Brigaden von Kielmannsegge und Ompteda so schrecklich gelitten hatten, klaffte im Zentrum, zwischen den Brigaden von Halkett und Kempt, eine gefährliche Lücke. Shaw-Kennedy galoppierte zu Wellington, um ihn darauf aufmerksam zu machen, dass die auf der Straße bei La Haye Sainte vorwärtsdrängenden französischen Truppen sich in einer guten Position befanden, das geschwächte Zentrum zu durchbrechen.[25] Die ganze Schlacht stand auf Messers Schneide.

Es dauerte nicht lange, bis der französische Druck bei den Deutschen auf der tief gelegenen Straße Wirkung zeigte. Hauptmann von Marschalck, der eine Kompanie zur Verstärkung des Meierhofes führte, wurde getötet, Hauptmann von Gilsas rechte Schulter zerschmettert.[26] Auch Leutnant Albert fiel. Graeme bemühte sich, die Männer zu sammeln, indem er seinen Tschako in der Luft hin und her schwang und rief, doch seine Hand wurde von einer Kugel durchschlagen. Baring selbst versuchte, Mut zu verbreiten; er ritt auf einem Dragonerpferd, dessen Sattel große Pistolenhalfter und eine Decke schmückten. Das Feuer war so intensiv, dass vier Kugeln die Decke trafen und eine weitere ihm den Tschako vom Kopf riss. Als Baring abstieg, um ihn aufzuheben, traf eine Salve den Sattel, den er gerade verlassen hatte; wieder einmal war ihm das Glück hold.

In der Nähe hielt das 5. Linienbataillon der Königlich Deutschen Legion noch stand. Nach dem Fall von La Haye Sainte lag es zunehmend unter schwerem feindlichen Beschuss, der den Adjutanten, Leutnant Schuck, tötete. Das Karree war stark geschrumpft und bot nicht mehr genügend Raum für den ganzen Brigadestab, weshalb Ompteda herausging und das Kommando des Bataillons wieder an

Oberstleutnant von Linsingen übergab.[27] Als Omptedas Pferd eine Kanonenkugel in die Brust traf, bat er seinen Adjutanten um dessen Pferd. Brandis ging zurück, um sich Ersatz zu holen, und fand dort alles in Auflösung begriffen. Ersatzpferde waren nicht zu sehen, doch es gelang ihm, sich ein gefangenes französisches Kürassierpferd von einem Wundarzt des 2. leichten Bataillons anzueignen. Kaum hatte Brandis das Tier bestiegen, riss eine Kanonenkugel ihm ein Vorderbein weg. Er stürzte neben einen toten britischen Kavalleristen und den Leichnam von Hauptmann Philip Holtzermann, der zu Beginn der Belagerung von La Haye Sainte gefallen und dessen Körper jetzt in den Schlamm getreten und fast unkenntlich war. Brandis musste kehrtmachen und eines der Reservepferde finden, was Zeit kostete, bis er zur Brigade zurückreiten konnte. Entlang der Straße kam er nur langsam voran, da sie von zerschossener Artillerie sowie von verwundeten und nicht verwundeten Kavalleristen und Infanteristen verstopft war, die alle dem unaufhörlichen Beschuss zu entkommen suchten.[28]

Unterdessen erwies sich die Gefangenschaft für den Schützen Lindau als nicht weniger gefährlich. Aufgrund der Verluste, die sie während der Einnahme von La Haye Sainte erlitten hatten, waren die Franzosen übler Laune. Als ein deutscher Gefangener sich seiner Wunden wegen nicht schnell genug bewegte, stach man ihn in die Lenden. Seine aufgebrachten Kameraden umringten ihn. Es bedurfte aller Energie des Hauptmanns Ernst August Holtzermann, um die Situation zu beruhigen, die sehr leicht in einem Massaker hätte enden können. Die Deutschen wurden nun aus der Scheune, über den Innenhof, durch das Haupttor und die Straße hinunter in Richtung auf die französischen Linien getrieben. Die feindlichen Soldaten pöbelten sie an, ergriffen

Lindaus Tasche mit den Goldmünzen und drei Uhren (eine aus Gold, zwei aus Silber) und fielen dann wegen der Beute übereinander her. Als ihm auch sein letzter Besitz genommen worden war, wurde Lindau so zornig, dass er einem Franzosen, der noch mehr bei ihm suchte, ins Gesicht schlug. In diesem Augenblick wurde die Gruppe von zwei alliierten Kanonenschüssen getroffen, die Franzosen und Deutsche gleichermaßen niederstreckten.[29]

~

Das alliierte Zentrum befand sich in einer höchst gefährlichen Lage. Gezieltes Büchsenfeuer brachte die in der Nähe stehenden französischen Kanoniere rasch zum Schweigen, aber um die Infanterie abzuwehren und die Plänkler zu vertreiben, bedurfte es einer gemeinsamen Anstrengung. Der Korpskommandeur, Prinz von Oranien, und der Divisionskommandeur, General von Alten, beschlossen, das 5. Linienbataillon nach vorn zu werfen, um die Franzosen zurückzuschlagen und vielleicht das Gehöft wieder einzunehmen. Militärisch gesehen handelte es sich um ein sinnvolles Vorhaben, und tatsächlich erwog Sir James Kempt, der nach dem Tod von Picton das Kommando über die Nachbardivision übernommen hatte, ernstlich, das 27. Infanterieregiment zu entsenden, um den taktisch wichtigen Hof zurückzuerobern.[30] In der Praxis aber war das Bataillon der Königlich Deutschen Legion weit unter Sollstärke, also viel zu schwach für die Aufgabe, und da das ganze Gebiet von französischer Kavallerie nur so wimmelte, grenzte sie an Selbstmord. Aus diesem Grund beschloss Kempt, keinem seiner Männer zu befehlen, das Karree zu verlassen und die Gebäude anzugreifen, doch weder von Alten noch der Prinz

General Carl von Alten (1764–1840) auf dem Schlachtfeld von Waterloo. Christian Friedrich Hornemann nach Joseph Paelinck, Schabkunstblatt, nach 1820.

von Oranien schienen ähnliche Bedenken zu haben. Als der Adjutant des Prinzen, Lord Somerset, mit dem Angriffsbefehl eintraf, machte Ompteda darauf aufmerksam, dass die britische Kavallerie, ursprünglich hinter ihnen postiert, jetzt auf die rechte Flanke verlegt worden war und die französischen Kürassiere, deren Helme in der Mulde vor ihnen ganz deutlich sichtbar waren, das Bataillon deshalb in eben dem Augenblick angreifen würden, in dem es sich in Gefechtsformation aufstellte. Das Gespräch war angespannt und für Ompteda bereits der dritte oder vierte Wortwechsel dieser Art im Laufe des Nachmittags. Somerset galoppierte zum Korpsstab zurück.

Alsbald erschien der Prinz zusammen mit von Alten. Der Divisionskommandeur, ein erfahrener Soldat und alter Freund Omptedas, wiederholte die Order. Ompteda äußerte seine Bedenken und fügte hinzu, man solle ihn doch zur Abschreckung der feindlichen Kürassiere wenigstens durch Kavallerie unterstützen. Der Prinz warf ein, die Reiter in der Mulde seien Holländer. Doch obwohl er schließlich vom Gegenteil überzeugt werden konnte, rückte er von seiner Order nicht ab. Herrisch verkündete er: «Und dennoch muß ich meinen Befehl zum Bayonetangriff in Linie wiederholen. Ich verbitte mir alle weiteren Einwendungen.» Für den emotional labilen Ompteda war die darin verborgene Andeutung, er sei feige – zum zweiten oder dritten Mal an diesem Tag –, unerträglich. Laut rief er aus: «Nun, so werde ich folgen», zog seinen Degen und befahl dem Bataillon, in Linie anzutreten. Im Bewusstsein, in den sicheren Tod zu marschieren, wandte Ompteda sich an den Bataillonskommandeur, Oberstleutnant von Linsingen, und sagte: «Versuchen Sie, meine beiden Neffen zu retten.» Er meinte den sechzehnjährigen Christian Ludwig von Ompteda und den erst vierzehn Jahre alten Ludwig Albrecht von Ompteda; beide waren vorübergehend dem 5. Linienbataillon zugeordnet. Dann setzte er sich an die Spitze seiner Männer und führte sie gegen den Feind.

Im Nu hatte das Bataillon die tief gelegene Straße genommen und erblickte zwischen dem Hohlweg und der Nordecke des Küchengartens ein Gemenge aus feindlicher Infanterie, Kavallerie und Artillerie. Dem mörderischen Musketenfeuer die Stirn bietend, rief Ompteda seinen Männern zu: «Folgt mir, ihr tapferen Kameraden», und mit Hurra-Rufen stürmten sie, so schnell sie konnten, über den noch immer vom Regen durchweichten, von mehreren Infanteriewellen zerfurchten und von starkem Artilleriefeuer durchpflügten Boden vorwärts. Vom Klang des Horns und der Spannung des Augenblicks angefeuert, flog Leutnant Wheatley an Ompteda vorbei. «Das ist recht, Wheatley», rief der Kommandeur.[31] Es dauerte jedoch nur wenige Augenblicke, dann wurden sie auf der rechten Flanke und im Rücken durch Kürassiere, die sich in einer Mulde versteckt gehalten hatten, angegriffen. In wenigen Minuten wurde das Bataillon buchstäblich aufgerieben. Wheatley wurde bewusstlos geschlagen, Linsingen unter seinem verletzten Pferd begraben. Als er sich endlich befreien konnte, sah er die beiden Neffen Omptedas, Christian und Ludwig, ganz in der Nähe. Linsingen ergriff die beiden Jungen bei den Epauletten und schob sie, sehr gegen ihren Willen, zurück in den Hohlweg. Zwölf Offiziere, zwölf Feldwebel, ein Trommler und hundertachtundzwanzig Mann lagen tot oder schwer verwundet da. Der Rest war in alle Richtungen zerstreut. Das Glück hatte das 5. Linienbataillon verlassen.[32]

Ompteda selbst ritt ohne Zögern in einen einsamen Tod. Augenzeugen berichten, sie hätten an seinem gut sichtbaren weißen Federbusch erkannt, wie er sich zu Pferde den französischen Linien näherte und wie die Infanterie des Feindes auf die einsame Gestalt anlegte. Bewegt von seiner hochherzigen Geste, schlugen die feindlichen Offiziere die Musketenläufe ihrer Männer mit ihren Degen hoch. Bald erreichte Ompteda die französische Linie am Nordrand des Küchengartens und sprengte hinein. Hauptmann Berger, einer der überlebenden Kompaniekommandeure, beobachtete, wie er eine ganze Reihe französischer Tschakos mit dem Degen herunterschlug. Noch immer sahen die französischen Offiziere ohne einzugreifen zu. Dann schaute Berger für einen Augenblick hinter sich, wo sein Bataillon gestanden hatte, und stellte fest, dass er sich völlig alleine auf dem Schlachtfeld befand. Als er sich wieder den Franzosen zuwandte, sah er, wie Ompteda schließlich aus nächster Nähe durch den Hals geschossen wurde, vom Pferd fiel und in der Masse der feindlichen Infanterie und Kavallerie verschwand.[33] Das dreiblättrige Kleeblatt, das die drei Omptedas durch dick und dünn verbunden hatte, war endgültig auseinandergerissen worden.

Als Wheatley wieder zu sich kam, fand er sich mit bloßem Kopf und «heftigen Kopfschmerzen» in einem Graben wieder. Ompteda lag mit einem Loch in der Kehle tot in seiner Nähe. Er versuchte, den die Taschen der Gefallenen durchwühlenden Franzosen zu entkommen, doch als er aufstand, war er so orientierungslos, dass er sofort wieder zusammenbrach und von einem Feind mit den Worten ergriffen wurde: «Wo willst du hin, du Hund.» Wheatley wurde nach La Haye Sainte geschleppt, wo sich ihm ein Bild der Verwüstung bot. Das Innere der Gebäude war «völlig zerstört, nur Dachsparren und Stützpfeiler waren noch vorhanden». Der Boden war übersät mit den Leichen von Barings Männern und französischen Angreifern. Ein Major in grüner Uniform, wahrscheinlich Bösewiel, lag tot in der Nähe der Türe. In einem kleinen Teil des Haupttores fand man später nicht weniger als achtzig eingedrungene Musketenkugeln. «An diesem Ort hatte ein schreckliches Blutbad stattgefunden», berichtet Wheatley.[34] Ein anderer Augenzeuge schreibt: «Das ganze Gebäude bot ein Bild der Verheerung und Verwüstung.»[35] Weder die Gefangenen noch ihre Häscher wussten, dass der verwundete Fähnrich Frank sich immer noch oben im Haus unter einem Bett versteckt hielt.

Die Überlebenden des 5. Linienbataillons vereinigten sich mit den Überresten des 1. und 2. leichten Bataillons auf der tief gelegenen Straße, wo sich ihnen schließlich auch Brandis anschloss, der bei der Nachricht vom Tod seines Kommandeurs die Fassung verlor. In der Nähe stand der Rest der zerschlagenen Brigade, der Rumpf des 8. Linienbataillons, im Karree. Ermutigt durch ihren Erfolg über Omptedas Männer, griffen die Kürassiere nun die alliierte Hauptmacht an. Barings Schützen nahmen sie aus verborgenen Stellungen in der tief gelegenen Straße aus etwa 20 Metern unter Beschuss, und unter den Spottrufen der Deutschen wurden die Kavalleristen vertrieben. In diesem Augenblick erschien das 3. Husarenregiment der Königlich Deutschen Legion, was die Kürassiere veranlasste, sich mit erstaunlicher Geschwindigkeit neu zu formieren, um sich ihnen entgegenzustellen. Es kam zu einem knappen Innehalten, während dessen die beiden Reitergruppen einander argwöhnisch betrachteten, bis die Husaren vorwärtsstürmten und Barings erschöpfte Schützen in aller Ruhe aus nur 200 Schritt Entfernung das Gefecht beobachten konnten. Es war kurz, aber sehr blutig. Dann wichen beide Seiten zurück, die Husaren passierten Barings Linien.

Dabei wurden Baring und seine Männer Zeugen eines ungewöhnlichen Zwischenspiels: Ein Obergefreiter der Husaren war von Kürassieren umzingelt und mit ihnen zurückgeworfen worden, ehe er sich befreien und zu seinen Kameraden durchschlagen konnte. Dasselbe Schicksal widerfuhr einem Kürassier unter den Husaren, mit dem Ergebnis, dass die beiden Männer sich etwa auf halbem Weg zwischen den Linien trafen. Obwohl der Husar bereits stark blutete, stürzten die beiden Männer unter den Augen beider Seiten wie die Teufel aufeinander los. Niemand rührte sich, um den Kampf zu unterbrechen. Baring fürchtete um den verwundeten Husaren, doch dessen Geschicklichkeit siegte über die brutale Kraft des Franzosen, der einen Schlag ins Gesicht erhielt und mit dem nächsten vom Pferd gestoßen wurde. Unter dem Beifall von Barings Männern kehrte der Husar gelassen zu seinem Regiment zurück.[36]

~

Napoleon setzte nun alles auf einen entscheidenden letzten Schlag. Auf seiner rechten Flanke rückten in großer Zahl die Preußen heran und konnten nicht mehr aufgehalten werden. Wenn es dem Kaiser gelänge, sich einen Weg durch das alliierte Zentrum zu bahnen und Wellington an der Straßenkreuzung zu vernichten, dann könnte er die Lage noch retten. Nun wurde die Kaiserliche Garde die Straße nach La Haye Sainte hinaufgeschickt. Sie griff die alliierte Linie zwischen dem Gehöft und Schloss Hougoumont an, ehe sie nach links schwenkte. Auf ihrer rechten Flanke erstieg d'Erlons Erstes Korps – oder das, was nach den britischen Kavallerieattacken des frühen Nachmittags wieder zusammengefunden hatte – den Hang auf der Ostseite von La Haye Sainte, mit dem Ziel, die Kreuzung zu attackieren. Um für alle Eventualitäten gerüstet zu sein, rückten sie langsam vor, in Säulenkarrees.

Die erste Kolonne d'Erlons, von frischen Männern aus Pegots Brigade geführt, stieß entlang des Hohlwegs bald auf die Überreste von Omptedas Truppe. Mittlerweile war das ganze Gebiet hinter dem Meierhof «von Verwundeten übersät», wie sich ein britischer Kavallerieoffizier erinnert, «denen man bei den Bewegungen kaum ausweichen konnte. Verwundete oder verstümmelte Pferde zogen umher oder drehten sich im Kreis. Der Lärm war ohrenbetäubend und die Atmosphäre von Untergang und Verwüstung, die herrschte, wohin das Auge reichte, ließ keine Siegesfreude aufkommen.»[37] Brigadeadjutant von Einem wurde von einer Musketenkugel in den Unterleib getroffen. Als er auf den Hals seines Pferdes fiel, rief er: «Es ist aus mit mir.» Er bat Brandis, seine Uhr und sein Geld aufzubewahren. Brandis lehnte das ab, sprach ihm Mut zu und forderte ihn auf, sich festzuhalten; dann brachte er den verletzten Adjutanten zu Pferde zu einem in der Nähe stehenden Karree der Hannoveraner, von wo ihn vier Männer in einer Decke forttrugen.[38] Der Divisionskommandeur von Alten wurde verwundet. Etwa zur selben Zeit verlor Baring sein drittes Pferd, das von einer Kugel in den Kopf getroffen wurde, auf ihn fiel und dabei sein rechtes Bein tief in den lehmigen Boden drückte. Es dauerte geraume Zeit, ehe ein Schütze aus dem Hohlweg heraufkam, um ihm zu helfen. Baring gelang es, sich von dem Pferd zu befreien, aber sein Bein war unbrauchbar, obwohl es nicht gebrochen war. Er bat seine Männer, ihm ein anderes Pferd zu besorgen, und bot ihnen hohe Summen Geldes dafür.

Nach mehr als fünf Stunden fast ununterbrochenen Kampfes und etwa eine halbe Stunde nachdem sie das Gehöft aufgegeben hatten, begann Barings Kommando auseinanderzufallen. Unverletzte Soldaten zogen sich «auf der Suche nach Munition» in das rückwärtige Gebiet zurück. Offiziere und Mannschaft ignorierten Barings Wunsch nach einem Pferd. «Menschen, die sich meine Freunde nannten», erinnert er sich bitter, «vergaßen dieses Wort und dachten nur an ihr eigenes Interesse.»[39] Brandis traf auf Baring, als dieser «ganz isoliert ohne einen Mann seines Bataillons auf dem Schlachtfeld» stand.[40] Schließlich humpelte der Kommandeur des 2. leichten Bataillons zu einem Haus hinter der Linie, wo ein Engländer eines der reiterlos umherirrenden Pferde einfing, es mit einem Sattel versah und ihm aufzusteigen half. Dann ritt er zum Hohlweg zurück, stellte aber fest, dass seine Männer fort waren, vermutlich um nach Munition zu suchen. Rechts und links von Baring rannten Soldaten aus zwei neugebildeten hannoverschen Infanteriebataillonen in Panik davon, begleitet von den noch vorhandenen Offizieren. Nach einem vergeblichen Appell an ihre Ehre schlug er einen der Männer mit seinem Säbel nieder, um die Ordnung wiederherzustellen. Doch dessen Kameraden strömten links und rechts an ihm vorbei und riefen den ihnen nachfolgenden Männern zu, sie sollten Baring «erschießen».[41] Er musste sie schweren Herzens ziehen lassen.

Im selben Augenblick hörte Baring entlang der ganzen Linie den Ruf «Viktoria! Viktoria!» ausbrechen, kurz danach gefolgt von einem «Vorwärts! Vorwärts!». In diesem Augenblick wusste er wahrscheinlich noch nicht, dass seine hartnäckige Verteidigung des Hofes Napoleon lange genug aufgehalten hatte, um Blüchers Ankunft zu ermöglichen. Das alliierte Zentrum hatte die französische Kaiserliche Garde abgewehrt. Zehntausende Preußen drangen nun von Osten und Nordosten vor. Napoleons gesamte Armee befand sich auf dem Rückzug.

Zwei Bataillone Nassauer rückten auf La Haye Sainte vor und vertrieben bei Sonnenuntergang die letzten französischen Verteidiger aus dem Innenhof und dem Garten.[42] Fähnrich Frank kroch unter dem Bett im ersten Stock hervor. Edmund Wheatley, zu diesem Zeitpunkt noch Gefangener, sah im Nachbarfeld einen Kürassier «mit ausgestreckten Armen auf seinem Gesicht liegend, durchtränkt von Blut. Ich habe nie eine so gigantische Gestalt gesehen.» Er fühlte sich an den «Goliath der Bibel» erinnert. Kurz danach stieß Wheatley auf einen Infanteristen «in einer merkwürdigen Haltung. Kopf, Hände und Knie waren vor seiner Brust

«Blüchers Begegnung mit Wellington nach der Schlacht bei Belle-Alliance», Gemälde von Adolph von Menzel, 1858.

zusammengebogen und lagen im Schlamm. Er sah aus wie ein Frosch, der sich in eine schlammige Pfütze hineinschiebt.»[43] Insgesamt bot sich dem Betrachter aber keineswegs ein statisches Bild. Überall gab es Versprengte, die sich in unterschiedliche Richtungen bewegten, Schwerverwundete riefen um Hilfe, während diejenigen, die gehen oder humpeln konnten, versuchten, sich in Sicherheit zu bringen. Jonathan Leach erinnert sich an «das schreckliche Leichenfeld aus Männern und Pferden, die in einem relativ kleinen Umkreis lagen, und das Stöhnen und Jammern» der Verwundeten.[44] Baring hatte keinen einzigen Mann mehr unter seinem Kommando, daher schloss er sich dem 1. Husarenregiment an, mit dem er noch bis zum Einbruch der Dunkelheit den Feind verfolgte. Die Schlacht war gewonnen.

Nach der Rückkehr aufs Schlachtfeld nahm Baring einen traurigen Appell ab.[45] «Major Baring – anwesend. Major Bösewiel – tot. Hauptmann Holtzermann – gefangengenommen. Hauptmann Schaumann – tot. Leutnant Kessler – verwundet. Leutnant Georg Meyer – verwundet. Leutnant Lindam – verwundet. Leutnant Christian Meyer – anwesend. Leutnant Riefkugel – verwundet. Leutnant Jobin – gefangengenommen. Leutnant Carey – verwundet. Leutnant Biedermann – anwesend. Leutnant Graeme – verwundet. Leutnant Carl – anwesend. Fähnrich von Robertson – tot. Fähnrich Frank – verwundet. Fähnrich Smith – anwesend. Fähnrich Louis Baring – anwesend. Leutnant Timmann [Adjutant] – verwundet. Wundarzt Heise – anwesend.»[46]

Drei Offiziere, sechs Feldwebel, vier Gefreite und einundzwanzig einfache Soldaten waren gefallen, einschließlich des Schützen Henry Bush, der Harriet Haselden in Bexhill geheiratet hatte.[47] Nicht weniger als zwölf Feldwebel, sechzehn Gefreite, ein Hornist, sechsundsiebzig einfache Soldaten waren verwundet; darüber hinaus waren acht Offiziere verwundet oder gefangen. Ein Feldwebel, drei Gefreite, zwei Hornisten und fünfzehn Schützen wurden vermisst. Das ergab insgesamt einen Verlust von 168 Mann. Die meisten übrigen waren über das ganze Schlachtfeld verstreut. Von den fast 400 Mann, mit denen er den Tag begonnen hatte, blieben ihm am Ende nur 42. Später stellte sich jedoch heraus, dass die meisten Vermissten den Kampf überlebt hatten.

Barings Augen füllten sich mit Tränen, überwältigt von widerstreitenden Gefühlen, von Ärger und Schmerz, von Trauer um seine toten und verstümmelten Kameraden und vielleicht von den Schuldgefühlen des Überlebenden. Doch er schreibt auch von Bitterkeit: wahrscheinlich wegen des Versagens, angemessene Verstärkung oder ausreichende

Munitionsvorräte zu besorgen, wegen des Verlusts so vieler guter Männer und persönlicher Freunde, der Flucht seines Adjutanten mit den Ersatzpferden und wegen der Männer, die gezögert hatten, ihm aus dem Hohlweg zu Hilfe zu kommen. Auffällig ist, dass jedes Triumphgefühl fehlt.[48] Auch Wheatley fragte nach Sinn und Wert der Opfer. Kurz nach Ende der Schlacht sah er einen Infanteristen, der an einer Mauer lehnte, «mit zurückgebeugtem Kopf, beide Augäpfel hingen auf den Wangen, eine Kugel war auf einer Seite in seinen Kopf eingedrungen und auf der anderen Seite wieder hinaus.» «Sein Mund», so schreibt dieser Leutnant des 5. Linienbataillons der Königlich Deutschen Legion, «war offen, steif und verklebt, klares Blut sickerte aus seinen Ohren und die eitrige Masse aus seinen leeren Augenhöhlen sandte einen bleichen Strom lebendiger Hitze aus, ganz im Gegensatz zur abendlichen Kälte. Soviel zur Ehre!», überlegte Wheatley. «Wird sie ihm seine Augäpfel ersetzen? Nein.»[49] Als die Nacht anbrach, müssen tausende solcher Schreckensbilder zu sehen gewesen sein.

Baring wurde durch einen alten Freund, den Generalquartiermeister der Division, Major Shaw, aus seinen Grübeleien gerissen. Er war erschöpft und litt unter starken Schmerzen in seinem Bein. Die beiden Männer legten sich zum Schlafen auf etwas Stroh. Auch Leutnant Biedermann, nun wieder mit dem Rest des Bataillons vereinigt, richtete sich für die Nacht ein, legte sich «zwischen die verstümmelten Leichname von Freund und Feind schlafen. Eine gräßliche Schlafstätte». In einer Aufwallung von Freundlichkeit brachte ihm ein Wachtmeister der Kavallerie einen Bund Stroh und bedeckte ihn mit einem Mantel. Der Vollmond erhellte jetzt das Schlachtfeld, «dessen tiefe Stille nur durch das Geächze der armen Verwundeten unterbrochen wurde».

Die Gefallenen werden bestattet.
Aquatinta von James Rouse, 1816.

Ihr Leidensweg war keineswegs zu Ende, da diejenigen, denen es gut genug ging, nun mit den Qualen einer Reise auf einem Karren zum Hospital in Brüssel zu rechnen hatten. Viele überlebten das nicht. Wie viele weitere Tote das 2. leichte Bataillon am Tag nach der Schlacht und in den darauf folgenden Wochen zu beklagen hatte, ist nicht bekannt. Die Verluste müssen aber beträchtlich gewesen sein.

Am nächsten Morgen erwachte Baring zwischen einer Leiche und einem toten Pferd, der Anblick und die Geräusche des vorangegangenen Tages waren noch allgegenwärtig. Auch Biedermann erinnert sich an die Leichname, deren Züge von «Blut und Koth» entstellt waren. Die Deutschen begruben ihre toten Offiziere, einschließlich des Brigadekommandeurs Ompteda. Man fand seinen Leichnam «ausgeplündert, aber noch vollständig bekleidet» auf. Gegen Mittag kam endlich Proviant an. Die Männer des 2. leichten Bataillons saßen im Kreis, ihre Mienen wie die der Toten gezeichnet von «Pulverdampf, Koth und Blut». Sie benutzten Sättel, Tornister, Trommeln und andere auf dem Feld verstreute Gegenstände als Stühle, die Brustpanzer der Kavallerie als Bratpfanne, und die Mäntel der Kürassiere, «die uns gestern noch das Essen für immer entbehrlich machen» wollten,[50] dienten als Tischtücher. Nach einem bescheidenen Mahl und kurzer Rast brach das, was vom 2. leichten Bataillon übrig war, das Lager ab und machte sich auf, den Feind zu verfolgen.

KAPITEL 7

«Glut und Kern des Kampfes»

~

Die Verteidigung von La Haye Sainte spielte bei Napoleons Niederlage eine entscheidende Rolle. Zweimal stand er im Laufe des Tages kurz vor einem Sieg über Wellington: Das erste Mal am frühen Nachmittag, als d'Erlons Korps das alliierte Zentrum beinahe durchbrach, aber sein linker Flügel, der die gefährliche Aufgabe erhalten hatte, das Gebäude und die Straßenkreuzung dahinter zu sichern, von Barings Männern aufgehalten wurde. Das zweite Mal am frühen Abend, als es Napoleon gelang, nach dem Fall des Gutshofes Artillerie und Verstärkung heranzuführen.[1] Überdies muss man sich in Erinnerung rufen, dass das Hauptaugenmerk der französischen Infanterie immer – auch zwischen der Niederlage von d'Erlons Männern am frühen Nachmittag und der letzten konzentrierten französischen Attacke auf das alliierte Zentrum mehrere Stunden später – auf La Haye Sainte gerichtet war. Am Ende waren drei von vier Divisionen d'Erlons an dem Angriff auf den Gutshof beteiligt. In der Nachbarschaft von La Haye Sainte erlitten die Franzosen einen erheblichen Teil ihrer Verluste. Aus Donzelots 2. Infanteriedivision wurden die Kommandeure der 2. Brigade (Aulard) und des 51. Linienregiments getötet, die Kommandeure des 1. Bataillons des 51. Linienregiments,

Pernet und Col Devienne, verwundet. In der Brigade Bourgeois', der 1. Infanteriedivision, wurde der Kommandeur des 2. Bataillons aus dem 28. Linienregiment, Col Marrens, tödlich verwundet, der Kommandeur des 2. Bataillons aus dem 105. Linienregiment, Gentry, verwundet und ein weiterer Bataillonskommandeur, Bonnet, getötet. Zusätzlich kostete der Kampf um La Haye Sainte etwa 2000 Tote und Verwundete unter den einfachen Soldaten. La Haye Sainte war wirklich, wie der Dichter Robert Southey sagt, «Glut und Kern des Kampfes».[2]

Es ist daher kein Zufall, dass der Hauptmann William Siborne für sein berühmtes Waterloo-Panorama aus dem Jahr 1838 etwa die Zeit um 19.45 Uhr für die Darstellung ausgewählt hat – also den Höhepunkt der Schlacht, kurz nachdem der Versuch, das Gehöft wiederzuerobern, gescheitert war.

Wäre das Gehöft früher eingenommen worden, hätte Napoleon das alliierte Zentrum mit ziemlicher Sicherheit durchbrochen und Wellingtons Armee besiegt, ehe die Preußen in voller Stärke eingetroffen waren. Die wichtigsten Fehler beider Befehlshaber betrafen La Haye Sainte. Napoleon verwandte auf die Einnahme weder genügend Überlegungen noch hinreichend viele Ressourcen. Wellington erkannte die Bedeutung des Gehöfts erst, als es fast zu spät war. Gewiss gewann Baring die Schlacht von Waterloo nicht im Alleingang: viele andere, einschließlich der Verteidiger von Hougoumont, der 1. britischen Kavalleriebrigade und nicht zuletzt Blüchers, spielten in der Schlacht eine entscheidende Rolle; ja, mit großer Wahrscheinlichkeit rettete die britische Kavallerie den Meierhof am frühen Nachmittag vor der Einnahme. Anders als die Verteidigung von Hougoumont bildete der Kampf um La Haye Sainte und dessen Umgebung nicht bloß «eine Schlacht in der Schlacht»,[3] sondern war während des größten Teils des Nachmittags *die* Schlacht. Herrschende Meinung ist, Napoleons Fehler habe darin gelegen, dass er mit dem Angriff zu spät begann und dann bei Hougoumont steckenblieb. Sein eigentlicher Fehler aber bestand darin, La Haye Sainte nicht früher am Tag eingenommen zu haben. In seinem unwahren Bericht unmittelbar nach der Schlacht, die er gewonnen zu haben behauptete, hob er hervor, dass d'Erlon «Mont St. Jean» – womit er La Haye Sainte meinte – eingenommen hatte, wovon er ein «entscheidendes Ergebnis» erwartete.[4] Entsprechend bestand Wellingtons Hauptfehler während der Schlacht darin, dass er der Verteidigung des Gutshofes nicht genügend Aufmerksamkeit widmete, ein Versäumnis, das sich leicht als fatal hätte erweisen können, wäre der Hof nicht durch die Beharrlichkeit der Deutschen gerettet worden. Kurz gesagt, wenn die heldenhafte Verteidigung von La Haye Sainte auch keine hinreichende Bedingung für den Sieg darstellte, so war sie doch zumindest eine notwendige Bedingung. Ohne sie wäre Napoleon bei Waterloo nicht geschlagen worden.

Baring und seine überlebenden Männer konnten auf eine beachtliche Leistung zurückblicken. Anfangs waren sie weniger als vierhundert gewesen, alle durchnässt, hungrig, erschöpft und in einigen Fällen verkatert, ehe die Schlacht auch nur begonnen hatte. Obwohl die Besatzung im Verlauf des Nachmittags immer wieder verstärkt wurde, befand sie sich gegenüber den Angreifern stets in starker Unterzahl. Es mangelte ihnen an Werkzeugen, das Gehöft angemessen zu befestigen. Vom frühen Nachmittag an waren die Männer mehr oder weniger beständigen Attacken ausgesetzt und einem zwar wirkungslosen, aber einschüchternden Beschuss unterworfen. Ihre Schultern waren vom Rückstoß ihrer

Büchsen geschwollen, ihre Münder «beschmutzt von Schießpulver».[5] Die Verbindung aus Anstrengung, Rauch und früherem Alkoholkonsum muss sie ungemein durstig gemacht, der Anblick von Toten und Sterbenden auf engstem Raum und die Notlage der Verwundeten müssen an ihren Nerven gezehrt haben. Dennoch hielten die Verteidiger beinahe fünf entscheidende Stunden lang durch, während Napoleon die Zeit davonlief. Männer wie Friedrich Lindau und Ludwig Dahrendorf kämpften trotz zahlreicher Wunden weiter. Selbst als der Gutshof überrannt wurde, befolgten Offiziere und Soldaten der Nachhut den Befehl, das Haus zu halten, während der Befehlshaber und der Rest der Truppe sich zurückzogen. Das 2. leichte Bataillon hatte etwa vierzig Prozent Verluste zu beklagen und damit eine der höchsten Verlustraten, die eine Formation bei Waterloo aufzuweisen hatte – ohne sich aufzulösen, selbst wenn es am Ende zu wanken begann.[6] Damit waren, wie es in Southeys Gedicht heißt, Barings Männer einer der «Stahlnägel» in Wellingtons Linie, die menschliche Kraft nicht brechen konnte.

Es lohnt sich, ihre Leistung mit dem anderen wichtigen Glied in Wellingtons Frontlinie zu vergleichen: dem Schloss von Hougoumont. Zwischen beiden bestand ein wesentlicher Unterschied. Das Schloss wurde nie eingenommen, und zwar nicht deswegen, weil das Gardekorps den Legionären überlegen gewesen wäre, sondern weil die Angriffe darauf nie mehr als bloße Ablenkungsmanöver waren, obwohl sie Reilles Kräfte zunehmend banden. Überdies war die Besatzung nie dermaßen hoffnungslos in der Unterzahl wie in La Haye Sainte. In anderen Hinsichten glichen sich die Kämpfe aber auf bemerkenswerte Weise. In beiden Fällen handelte es sich um ein internationales Unternehmen – denn trotz der herausragenden Garden spielten auch die Nassauer in Hougoumont eine entscheidende Rolle. Zudem entfalteten sich beide Konfrontationen auf eng begrenztem Raum, was, wie John Keegan vermutet, ein gewisses territoriales Besitzdenken unter den Verteidigern ausgelöst haben mag.[7] Schließlich erlitten sowohl die Besatzung von Hougoumont wie die von La Haye Sainte weitaus höhere Verluste als Regimenter, die von Kavallerieattacken zerschlagen wurden, ehe sie Karrees bilden und danach nicht mehr nennenswert in den Kampf eingreifen konnten – so wie die Lüneburger und das 5. und 8. Linienbataillon der Königlich Deutschen Legion.[8] Daher liegt es nahe, den Zusammenhalt nicht auf der Ebene der Verluste zu suchen als vielmehr in der Moral. Wenn auch relativ wenige Lüneburger durch die Kürassiere getötet wurden, wirkte der Angriff doch derart traumatisierend, dass die Überlebenden jeden Kampfeswillen verloren. Entscheidend war weniger die Leistung einer kinetischen als vielmehr die einer moralischen Kraft.

Warum hielten Barings Männer so lange aus? Diese Frage zu stellen heißt, tief in das große Geheimnis der Tapferkeit im Kampf einzutauchen. Viele Wissenschaftler haben sich bereits damit auseinandergesetzt,[9] doch für einen an seinem Schreibtisch sitzenden Historiker wie den Autor ist sie besonders schwer fassbar. Es wäre verlockend, die Standhaftigkeit der Garnison einer Art «Primärgruppen»-Zusammenhalt zuzuschreiben, also einer engen Verbindung, die auf einem langen gemeinsamen Dienst (und häufig auf einer ähnlichen geographischen Herkunft) beruht.[10] Bei einer solchen Deutung hätten wir es mit einer Gruppe eng verbundener Männer aus demselben Gebiet – Hannover – zu tun, die in zahlreichen Feldzügen Seite an Seite gekämpft haben.

Diese Interpretation ist in zweierlei Hinsicht problematisch. Zum einen stammte ein beträchtlicher Anteil der

Legionäre gar nicht aus Hannover, sondern gehörte angesichts der damaligen politischen Zersplitterung Deutschlands, von Hannover aus gesehen, zu den «Ausländern». Zum zweiten trifft es zwar zu, dass die Männer des 2. leichten Bataillons in einem besonderen Ruf standen und über eine besondere Herkunft verfügten, aber am Ende der Belagerung machten andere alliierte Truppen im Meierhof den weitaus größeren Anteil aus. Wir wissen aus Aufzeichnungen, dass sich im Gebäude Männer aus fünf anderen Regimentern befanden: aus dem 1. leichten Bataillon der Königlich Deutschen Legion, die leichte Kompanie des 5. Linienbataillons, Versprengte aus anderen Kompanien dieses Bataillons, einige Lüneburger, die dem ersten französischen Kavallerieangriff entkommen waren, und natürlich die Nassauer. Wahrscheinlich gelangten auch einige Versprengte des 8. Linienbataillons nach La Haye Sainte, nachdem es von den Kürassieren aufgerieben worden war. Dagegen erreichte ein beträchtlicher Anteil der ursprünglichen Besatzung, Männer des 2. leichten Bataillons einschließlich des Leutnants Biedermann, die bei Beginn der Schlacht von der französischen Kavallerie angegriffen worden waren, den Hof nicht mehr und verbrachte den Rest des Tages in einem der alliierten Karrees auf den rückwärtigen Hängen. Kurz, viele Männer, die den ganzen Nachmittag in La Haye Sainte kämpften, konnten keine persönliche Verbindung untereinander gehabt haben und gehörten in einigen Fällen nicht einmal zur selben Armee. Wie zahllose andere Soldaten zu allen Zeiten kämpften sie immer weiter, indem sie sich um einen zusammenschmelzenden Kader überlebender Offiziere und Unteroffiziere ständig um- und neuformierten.[11]

Sie wurden auch nicht durch eiserne Disziplin, durch die Furcht vor ihren Vorgesetzten zusammengehalten. Man weiß, dass Desertion mit dem Tode bestraft wurde, und es gibt viele Berichte über Männer in Karrees und in Linie, die durch Feldwebel zurückgescheucht und von Offizieren mit der flachen Seite des Degens geschlagen wurden – nicht aus Gefühllosigkeit, sondern weil eine Lücke in den Rängen für alle Betroffenen den Tod bedeuten konnte. Diese Methoden galten aber nicht für La Haye Sainte. In der Legion herrschte noch die Prügelstrafe, die indes relativ selten eingesetzt wurde. Zudem bestand die Garnison zum größten Teil aus leichter Infanterie, das heißt, die Männer waren es gewohnt, einzeln, außer Sichtweite ihrer Offiziere, eingesetzt zu werden. Man konnte also die Form physischer Einschüchterung, wie sie Offiziere und Unteroffiziere in den Linienregimentern auf dem Schlachtfeld ausübten, gar nicht einsetzen. Auch die Furcht, die relative Sicherheit der Gebäude zu verlassen und dadurch vom Feind getötet zu werden, kann keine Rolle gespielt haben. Zugegeben, der Versuch über die Felder nach Westen oder auf der Straße nach Osten zu fliehen, wäre sehr gefährlich gewesen, denn beide lagen konstant unter feindlichem Feuer und wimmelten obendrein von Kavallerie und Schützen. Die meiste Zeit war das Gehöft jedoch nicht vollständig abgeschnitten und mit der Hauptstellung über den Küchengarten verbunden, durch den Boten das Gehöft verließen und Verstärkungen eintrafen. Für einzelne Mitglieder der Garnison wäre es kompliziert, aber keineswegs unmöglich gewesen, sich auf diesem Weg aus dem Staub zu machen. Soweit wir wissen, hat niemand das versucht.

Eine wichtige Rolle für die Stärkung des Zusammenhalts im Kampf spielten ideologische Faktoren. Wir haben gesehen, dass viele Legionäre ein starker deutscher Patriotismus und die Entschlossenheit, Napoleons Tyrannei zu beenden, einte.[12] Zweifellos gab ihnen das während dieses langen Nachmittags Kraft. Nicht wichtig scheinen für die Legionäre religiöse Motive, vergleichbar den Motiven in den europäischen Konflikten des sechzehnten und siebzehnten Jahrhunderts, gewesen zu sein. Zwar spielten während der Revolutionszeit und der napoleonischen Ära die christliche Religion oder ihre Varianten eine wichtige Rolle bei den Aufständen gegen die französische oder britische Herrschaft in Italien, Spanien oder Irland. Auch für die britischen und preußischen Gegenspieler Napoleons war sie nicht ohne Bedeutung.[13] Zutreffend ist ebenfalls, dass die Hannoveraner – es handelte sich meistens um der anglikanischen Kirche gegenüber aufgeschlossene Lutheraner – allen möglichen konventionellen Formen von Frömmigkeit anhingen, wie ihre Gottesdienstbesuche in Bexhill zeigen. Es gibt aber keinerlei Hinweise darauf, dass ihre Haltung bei Waterloo von einer religiösen Überzeugung, gleich welcher Art, geprägt war.

Einen größeren Stellenwert beanspruchten sicherlich kollektive Sanktionen durch Gleichgestellte. «Ehre» war nicht nur für die Offiziere, sondern auch für den Mannschaftsstand ein Begriff von zentraler Bedeutung.[14] Alle Darstellungen stimmen darin überein, dass die Abneigung, als Drückeberger angesehen zu werden, die Männer zu größeren Anstrengungen anspornte. Außerdem waren die Verteidiger durch ein hohes Maß an Vertrauen zu ihren Anführern bestimmt. Der Herzog war zweifellos in vielerlei Hinsicht kalt und berechnend, doch Tatsache ist: Nicht nur seine britischen Truppen, sondern auch die unter seinem Kommando stehenden ausländischen Truppen zeigten sich ihm treu ergeben. Es trifft auch zu, dass die Offiziere der Königlich Deutschen Legion Wellingtons Hochachtung ihnen gegenüber begeistert erwiderten. Die einfachen Soldaten ihrerseits glaubten an ihre Offiziere; ihre wiederholt bekundete Bereitschaft, trotz der hoffnungslosen Unterlegenheit zu kämpfen, bezeugt das. «Niemand wird Sie im Stich lassen», versprachen Barings Leute ihm, «solange wir kämpfen können, können, ja werden wir die Stellung halten.» Keineswegs handelte es sich dabei um bedingungslosen Gehorsam, sondern um das Ergebnis eines unausgesprochenen Vertrags zwischen Offizieren und Soldaten, dass man Leben nicht unnötig opfern würde. Es gab immer einen Punkt, der einen angemessenen und ehrenhaften Rückzug oder eine Kapitulation erlaubte.[15] Der Augenblick kurz vor dem Fall des Gehöfts, als die Soldaten Baring ihrer Bereitschaft versicherten weiterzukämpfen, *wenn* sie mit frischer Munition versorgt würden, enthielt eine subtile Berufung auf dieses Verständnis.

Schließlich sollte man auch einmal an die französischen Angreifer denken, die sich immer aufs Neue in das deutsche Büchsenfeuer stürzten. Auch sie bestanden aus Fleisch und Blut, manchmal hinter einer Böschung kauernd, manchmal mit bleichem Gesicht und erschöpft, genauso wie die Männer, die das Hauptgebäude erstürmten – selbst im Augenblick ihres kurzen Triumphes. Auch sie legten unglaubliche Tapferkeit an den Tag, vom Hauptmann der Pioniere, der Octave Levavasseur vor einem risikoreichen Angriff seine Karte übergab, über den Feldwebel der Pioniere, der im Kugelhagel auf das Haupttor einschlug, bis hin zu den tausenden Namenlosen, die entschlossen waren, das Gehöft einzunehmen. Anders als die Deutschen, die ihre Verwundeten wenigstens in Deckung behandeln konnten, litten die Franzosen dort, wo sie fielen und wo ihnen selbst das einfachste Verbandmaterial fehlte, wenn es ihnen nicht gelang, in die relative Sicherheit der eigenen Linien zurück zu humpeln. Nicht einmal Verstümmelungen konnten bei manchen die

Begeisterung dämpfen. Berichte erzählen von einem Verwundeten, der noch «Es lebe der Kaiser!» rief, als seine Gliedmaßen amputiert wurden. Diese Männer zeigten eine Hingabe und einen Mut, der einer besseren Sache würdig gewesen wäre.

KAPITEL 8

Das Vermächtnis – ein «deutscher Sieg»?

~

Anfang Februar 1816, knapp acht Monate nach der Schlacht, wurde die Königlich Deutsche Legion aufgelöst.[1] Viele Legionäre schlossen sich der Armee des neuen Königreichs Hannover an, wo sie weiterhin den britischen Halbsold beziehen konnten. Der britische Zahlmeister in Hannover, John Taylor, überwachte dessen Auszahlung persönlich weitere vier Jahre lang. 1837, mehr als zwanzig Jahre nach der Schlacht, gab es in der Hannoverschen Armee noch 158 Offiziere mit britischem Halbsold.[2] Andere setzten sich zur Ruhe oder begnügten sich mit dem Halbsold. Niemand anderem als Georg Baring, dem Helden von La Haye Sainte, fiel die Aufgabe zu, die Fahnen der Legion an ihren letzten Ruheort in der alten Garnisonskirche in Hannover zu begleiten. Dort sprach er von «der Erinnerung an die Freuden und Leiden, die Kämpfe und Siege, deren Zeugen die Fahnen gewesen, an den Verlust so manches lieben Kameraden und an Gottes Fügung, die ihn selbst so weit gebracht hatte».[3] Man erzählt, er sei bei dem Ereignis so bewegt gewesen, dass er seine letzten Kommandoworte als Legionär nur mit Mühe sprechen konnte. Vielleicht dachte er an die Opfer von La Haye Sainte und der ganzen Umgebung, von denen viele unnö-

Die Waterloosäule in Hannover wurde zwischen 1825 und 1832 nach einem Entwurf von Georg Ludwig Friedrich Laves errichtet.

tig starben, aus Mangel an Munition oder – wie Ompteda – bei der Ausführung sinnloser Befehle.

Die Soldaten des 2. leichten Bataillons der Königlich Deutschen Legion wurden von den Zeitgenossen als Helden verehrt, so wie alle anderen Hannoveraner, die bei Waterloo gedient hatten.[4] Fähnrich Frank, vielleicht das glücklichste Glied der Garnison, wurde in seiner Heimatstadt Fallersleben mit einer von seinem Vater gestifteten Plakette geehrt. Dem unglücklichen Fähnrich Robertson wurden wohlmei-

Gedenktafel für Georg von Baring, das 2. leichte Bataillon und für Christian von Ompteda an der Außenmauer des Hofes La Haye Sainte, gestiftet von der Bexhill Hanoverian Study Group, Bexhill-on-Sea, das von 1803 bis 1816 Garnison eines großen Teils der Königlich Deutschen Legion war.

nende, aber unerträgliche Zeilen gewidmet, die am ersten Jahrestag seines Todes an ihn erinnern sollten. Doktor Wilhelm Blumenhagen schreibt in *Waterloo. Eine vaterländische Ode*: «Auch Du, der schlanke Jüngling, mein Robertson … liegst … mit blutigem Haupt … Doch seid ihr schön gefallen am Freiheitstag, Für eures Königs Ehr und des Volkes Heil, Eur blutiger Lorbeer wird ein Palmkranz.»[5] Baring wurde sowohl in England als auch in Hannover geadelt, zum Baronet und Freiherrn ernannt und stieg in der Armee in hohe Positionen auf, bis er als Generalleutnant in den Ruhestand trat. Es dauerte aber geraume Zeit, ehe der kollektive Beitrag der Legion in vollem Umfang Anerkennung fand. «Sollen denn alle diese rühmlichen Handlungen, diese Thaten voll Heldenmuth und reinem Patriotismus … so gänzlich unbearbeitet bleiben?»,[6] klagte ein Korrespondent des *Hannoverschen Magazins* im April 1816. Vierzehn Jahre später stellte man in demselben Magazin erneut die Frage: «Wie lange wird man überhaupt noch nach einer Geschichte der englischen [sic] Deutschen Legion seufzen müssen?»[7] Erst in den 1830er Jahren, fast zwei Jahrzehnte nach der Schlacht, wurde ihres Opfers weithin gedacht.

1832 vollendete man in Hannover die Waterloosäule.[8] Sie zeigt die Namen der Legionäre in regermanisierter Form: aus dem Soldaten George Heinz wurde wieder Gottfried Heinz. Im selben Jahr erschien der erste von zwei Bänden zur Geschichte der Legion aus der Feder des Obersten North Ludlow Beamish, die sowohl auf Englisch wie auf Deutsch veröffentlicht wurde und breite Zustimmung fand. Als 1837 der zweite und letzte Band erschien, machten dankbare Offiziere dem Autor einen kostbaren silbernen Tafelaufsatz zum Geschenk. Es handelte sich um eine allegorische Darstellung von Figuren aus verschiedenen Regimentern der Königlich Deutschen Legion – das unglückliche 5. und 8. Linienbataillon, die bei Waterloo von französischer Kavallerie in die Flucht geschlagen worden waren, fehlten. Den prominentesten Platz nahm im Vordergrund das 2. leichte Bataillon gemeinsam mit dem 1. Husarenregiment ein. Die deutsche Eiche im Zentrum stellte die deutsche Freiheit dar, die vom französischen Hahn belästigt wird. Weinend sitzt die beraubte Germania da, während zwei junge deutsche Männer auf einem britischen Schiff davonfahren. Britannia nimmt sie auf und macht unter dem weißen Pferd von Hannover mobil. Zusammen mit dem britischen Löwen treten sie dem sich duckenden Hahn entgegen und bezwingen ihn.[9] Das überreiche Kunstwerk legt ein bewegendes Zeugnis für die außergewöhnliche englisch-deutsche Symbiose ab, die von der napoleonischen Bedrohung erzeugt und durch die Legion verkörpert worden war.

Die Königlich Deutsche Legion stand weitgehend außerhalb der Kontroversen, die bald zwischen Briten und Preußen über die Schlacht ausbrachen. Ihre Offiziere hielten sich mit Kritik an Wellington auffallend zurück, und im Zweifelsfall verteidigten sie ihn. Falls Baring es dem Herzog verübelte, dass er weder brauchbare Munition noch genügend Verstärkung geschickt hatte, so äußerte er das jedenfalls nie in der Öffentlichkeit. Abgesehen davon lässt der defensive Ton seiner späteren Berichte über das Gefecht – sowohl des veröffentlichten wie des unveröffentlichten Berichts – einen gewissen Groll erkennen. Kein Triumphgefühl ist zu spüren, nur Trauer um verlorene Leben und Bitterkeit über das Verhalten einiger. Angesichts der Tatsache, dass der Mann, der die unmittelbare Verantwortung für das Fehlen der Munition trug, der Brigadekommandeur Ompteda, den Heldentod gestorben war, war die Möglichkeit für Baring, sich zu beklagen, nur begrenzt. Zudem hätte der Divisionskommandeur, Sir Carl von Alten, der in der Nachkriegszeit in Hannover über einigen Einfluss verfügte, ihm jedes Waschen schmutziger Wäsche in der Öffentlichkeit übel genommen. Barings Berichte deuten auch an, dass er – ganz unnötig – Angst vor Vorwürfen hatte, er habe seinen Posten vorschnell aufgegeben. Ihn zeichneten Tapferkeit und Klugheit aus, doch er war nicht besonders geschickt. Altens Schlachtbericht krankte an Farblosigkeit, während Baring zu lange zögerte, bis er die Feder ergriff und zu schreiben begann. Er starb, ehe er seine Autobiographie vollendet hatte, und vor allem, ehe er auf die Ereignisse des 18. Juni 1815 zu sprechen kam. Am Ende erinnerte Hannover an Baring mit einem

Grabstein des Konrad Ludwig Georg Freiherr von Baring vom Alten Friedhof in Wiesbaden, der 1972 nach Hannover überführt und neben dem Niedersächsischen Landesarchiv – Hauptstaatsarchiv Hannover wenige Meter vom Denkmal für den Grafen Carl von Alten am Waterlooplatz aufgestellt wurde.

kleinen Gedenkstein, während Carl von Alten in seiner Nähe durch eine große Statue geehrt wurde und damit seinen Untergebenen in den Schatten stellte. Noch immer hält er Wache vor dem Hauptstaatsarchiv Hannover am Waterlooplatz, das nun einige, aber sicher nicht alle Geheimnisse der Ereignisse jenes Nachmittags preisgegeben hat.

Für viele einfache Soldaten mag der Sieg bei Waterloo eine beträchtliche symbolische Belohnung dargestellt haben, doch die Demobilisierung im Jahr 1816 brachte neue Herausforderungen mit sich. Viele waren zu alt, um noch einmal von vorne zu beginnen. Andere hatten durch die Schlacht Schaden an Körper und Geist erlitten. Der arme Schütze

Dahrendorf zum Beispiel hatte ein Bein verloren. Die Entschädigungen für die entlassenen Männer und ihre Familien fielen kümmerlich aus – die Veteranen mussten nachweisen, dass ihre Behinderungen durch den Dienst verursacht worden waren. Angesichts dessen versuchten ihre Offiziere zu helfen, indem sie Abzüge von ihrer eigenen Pension in Höhe von vier Tagessätzen pro Jahr einem Unterstützungsfonds für in Not geratene Witwen und Waisen ehemaliger Legionäre zukommen ließen. Ein Komitee angesehener Offiziere verwaltete die wohltätige Einrichtung und blieb noch viele Jahrzehnte nach Auflösung der Einheit tätig; im Jahr 1860 wirkte ein Oberstleutnant C. F. von Ompteda, ein direkter Nachkomme des Namensträgers, der in Waterloo gekämpft hatte, in ihr mit.[10]

Den Offizieren der Legion erging es aufgrund ihrer Ansprüche auf den halben Sold besser, doch auch sie wurden von Dämonen verfolgt. Einige begingen Selbstmord, viele starben frühzeitig. Fähnrich Christian Goebel, Angehöriger des 5. Linienbataillons, «erschoss sich in einem Anfall von Wahnsinn» zwei Tage vor dem zwölften Jahrestag der Schlacht, möglicherweise ein spätes Opfer des schrecklichen Kürassierangriffs. Vier Offiziere des ähnlich brutal behandelten 8. Linienbataillons starben in rascher Folge in den Jahren 1817/18.[11] Unter den Überlebenden des 2. leichten Bataillons trug mancher an seiner Last. Adjutant William Timmann, der in La Haye Sainte schwer verwundet worden war und wahrscheinlich in Misskredit stand, weil er die Kontrolle über Barings Pferde verloren hatte, erholte sich davon bis zu seinem Tod in Hamburg im Jahr 1818 wohl nie recht. Der bei der Verteidigung des Küchengartens von La Haye Sainte leicht verwundete Leutnant George Meyer starb im März 1823 mit einer Pension der Hannoverschen Armee in

Ottendorf. Leutnant Marius Jobin, vielleicht niederländischer Herkunft, verbrachte die beiden letzten Lebensjahre in Surinam im Nordosten Südamerikas, und Leutnant Emanuel Biedermann, der dem feindlichen Feuer innerhalb und außerhalb La Haye Saintes glücklich entkommen konnte, starb im Oktober 1836 in Steinhutte bei Winterthur in seinem Geburtsland, der Schweiz. Ob diese Todesfälle vor der Zeit auf das Trauma jenes langen Nachmittags zurückzuführen sind, weiß man nicht, und vielleicht ist es auch unmöglich, das zu wissen.[12]

Die meisten wurden mit dem Erlebnis irgendwie fertig. Viele Offiziere des 2. leichten Bataillons erreichten ein normales oder sehr hohes Alter. Leutnant John Drummond Graeme, in La Haye Sainte leicht verwundet, wo er mit dem Schützen Friedrich Lindau ein unnachahmliches Duo gebildet hatte, lebte 1846 in Inchbraikie, Fife, Schottland. Er freute sich bis zuletzt an seinem Spitznamen «Kommandeur des Schweinestalls».[13] Georg Baring starb hochdekoriert in Wiesbaden/Hessen als Generalleutnant der Hannoverschen Armee im Juli 1848. Hauptmann Ernst August Holtzermann überlebte seinen Bruder Philip um mehr als siebenunddreißig Jahre und starb 1852 als Generalmajor in Hameln. Fähnrich Georg Frank wurde 1816 Brevethauptmann mit einer Pension der Hannoverschen Armee und starb im August 1857 in Liebenberg, Hannover. Leutnant Ole Lindam lebte nach der *Liste Hannoverscher Offiziere im Ruhestand* im Jahr 1865 noch als Major in Devonshire. Leutnant Bernhard Riefkugel, der wie Frank und Lindam in La Haye Sainte schwere Verwundungen davongetragen hatte, starb im Dezember 1869 als Generalmajor in Hannover.

Von einigen Offizieren des an den Kämpfen um La Haye Sainte ebenfalls beteiligten 5. Linienbataillons weiß man, dass sie trotz ihrer Erfahrungen außerhalb des Gehöfts ein erfülltes Leben führten. Edmund Wheatley heiratete in der Kirche St. Andrew by the Wardrobe in London Eliza Brooks, hatte drei Töchter und verstarb im Mai 1841 in Trier. Leutnant Charles von Witte, der mit der leichten Kompanie des 5. Linienbataillons nach La Haye Sainte geschickt und dort verwundet worden war, trat als Hauptmann mit einer hannoverschen Pension Ende 1844 in den Ruhestand. Sein Kompaniekamerad Leutnant Charles Schläger schloss sich der neuen Hannoverschen Armee als Hauptmann der Grenadiergarde an und starb als Major. Die beiden Neffen Omptedas, Ludwig Albrecht und Christian Ludwig, überlebten bis 1860 bzw. 1872. Der unerschrockene Assistenzwundarzt des Bataillons, Georg Hartog Gerson, der Entsetzlicheres als die meisten gesehen hatte, kehrte nach Hamburg zurück und wurde dort Chefchirurg im *Allgemeinen Krankenhaus*.

Trotz ihrer Auflösung blieb die Legion ein Träger kulturellen Austausches zwischen England und Deutschland, auch wenn dieser vorwiegend einseitig gewesen zu sein scheint. Englische Sitten wurden von der Hannoverschen Armee übernommen: Im Kasino durfte nicht über militärische Angelegenheiten gesprochen, die Gläser mussten bei einem Toast leergetrunken werden. Auch eine Vorliebe für silbernes georgianisches Tafelgeschirr wurde aus England importiert. Die neuen von General von Alten entworfenen hannoverschen Exerzierregeln folgten dem britischen Modell, die Artillerie verwendete englische Maße und Gewichte, die Infanterie wurde mit britischen Büchsen ausgestattet, und selbst Besonderheiten wie die Prügelstrafe beruhten auf britischer Praxis. Allgemeiner gesagt: Die Legionäre brachten eine Vorliebe für alles Englische mit zurück, zuallererst für die Sprache und den Wunsch, als Gentleman angesehen zu werden. Noch Jahre später begrüßten sich zwei Veteranen, wenn sie sich in Deutschland trafen, mit den Worten: «Old England Forever!»[14]

Im späten neunzehnten Jahrhundert, zu einer Zeit, in der die historische Erinnerung durch das deutsche Einigungsprojekt komplizierter wurde, sah man die Legion in einem ambivalenteren Licht.[15] 1866 marschierte Preußen in Hannover ein und annektierte das Land. Gleichzeitig wuchs eine Art nationalistisches Unbehagen im Hinblick auf den Dienst Deutscher in ausländischen Heeren. Nach 1871 bemühte sich das neue Deutsche Reich, die militärischen Traditionen Hannovers zu integrieren und die Legion aus Britannien zu repatriieren.[16] Als Meister in diesem Prozess kalkulierter Amnesie, Anpassung und Aneignung erwies sich Kaiser Wilhelm II., wobei in seinem Fall die besondere Hassliebe gegenüber Britannien eine Rolle gespielt haben mag.[17] Im Januar 1899 verfügte er, dass die Traditionen der verschiedenen alten hannoverschen Regimenter, einschließlich der Legion, an preußische Einheiten mit einem beträchtlichen Anteil hannoverscher Rekruten übergehen sollten. Fortan trugen viele von ihnen das «Battle Honour» «Peninsula-Waterloo». Vier Jahre später feierte der Kaiser den hundertsten Jahrestag der Gründung der Legion.

Als sich eine Auseinandersetzung mit Großbritannien abzeichnete, wurde die «Germanisierung» der Legion weiter intensiviert. Der Historiker der Legion, Bernhard Schwertfeger, ging im Schatten des bevorstehenden Krieges im Februar 1914 sogar so weit zu behaupten, die Legion sei «von ihrer Errichtung an eine rein hannoversche Einheit unter hannoverschen Führern» gewesen – eine offenkundige Unwahrheit.[18] Vermutlich aus demselben Grund und weil er ein schlechtes Licht auf das Verhalten bestimmter Regimenter warf, unterdrückte die offiziell abgesegnete Quellensammlung des preußischen Historikers Julius von Pflugk-Harttung den längeren und objektiveren der beiden Berichte Barings.[19] Das Vaterländische Museum in Hannover gab ein Diorama zur Verteidigung von La Haye Sainte in Auftrag, das wahrscheinlich unter dem Eindruck von Sibornes Diorama entstand.[20] Die Zweihundertjahrfeier der Personalunion zwischen Großbritannien und Hannover ging 1914 im heraufziehenden Krieg unter. Einige britische und deutsche Einheiten, die während des Weltkriegs auf verschiedenen Seiten standen, trugen die gleichen, noch aus den Napoleonischen Kriegen stammenden «Battle Honours» oder Ehrenzeichen.

Die Hundertjahrfeier der Schlacht im Jahr 1915 brachte alle Beteiligten – Franzosen, Engländer und Deutsche – in Verlegenheit, da der globale Flächenbrand Britannien mit seinem früheren Feind, Frankreich, gegen seinen ehemaligen Verbündeten, Preußen-Deutschland, zusammenführte.[21] Lange gehegte Pläne für eine Ausstellung zum Jahrestag in Hannover rückten in ein düsteres Licht. «Unsere Bundesgenossen von damals», bemerkte der *Hannoversche Kurier* im Juni 1915, «sind heute unsere schlimmsten Feinde.» Eine bittere Prophezeiung des Blattes kulminiert in der Abwandlung eines Ausrufs, der Kaiser Augustus bei der Nachricht vom Verlust der Legionen des Varus im Teutoburger Wald zugeschrieben wird: Wenn spätere Generationen von Briten «die Erfolge ihrer Hilfstruppen, die sie in diesem Kriege gegen Deutschland einsetzen, mit den Diensten vergleichen, welche ihnen deutsche Heere vor hundert Jahren erwiesen haben, so dürfte der Wehruf begreiflich sein, der einstmals noch über den Kanal herüberschallen wird: Deutschland, Deutschland, gib mir Deine Legionen wieder!»[22]

Nach 1945 trug die Woge allgemeiner Begeisterung für die «föderalen» Traditionen Deutschlands nicht zu einem neuen Ansehen der Legion bei. Zum Teil wegen des Unbehagens an militärischem Heldentum überhaupt, zum Teil, weil man nicht an die Schlacht erinnern konnte, ohne dem neuen Partner der Bundesrepublik, den Franzosen, zu nahe zu treten. Ein Versuch der britischen Königin, während ihres umjubelten Staatsbesuches im Mai 1965, also fast 150 Jahre nach den Ereignissen, einen Kranz an der Waterloosäule in Hannover niederzulegen, wurde von der westdeutschen Regierung vereitelt.[23]

Die Franzosen sind an Waterloo wenig interessiert gewesen. Dabei spielte der gekränkte Stolz angesichts der verlorenen Schlacht eine Rolle. So kamen etwa Napoleons Offiziere den Bitten William Sibornes um Zeugenaussagen, die er für seine Darstellung der Ereignisse sammelte, nicht nach.[24] Das geringe Interesse hat seinen Grund aber auch darin, dass die Napoleonischen Kriege die französischen Armeen nicht nur auf die Iberische Halbinsel und in die Niederlande, sondern darüber hinaus nach Deutschland, Italien, Russland und an viele andere Orte führten, was die Bedeutung des letzten heldenhaften Kampfes relativierte. In den französischen Schuldzuweisungen, die sich vor allem um Grouchys Abwesenheit und Neys Ungestüm drehen, nahm die Belagerung keinen großen Raum ein. Und doch ist verblüffend, dass die Truppenstärke der Garnison in französischen Darstellungen meist überschätzt wird, angefangen bei Napoleons absurder Annahme einer ganzen Division bis hin zu Charras' der wirklichen Stärke viel näher kommenden, aber immer noch zu hohen Zahl von 430 Mann.[25] Das einzige französische Denkmal, das sich ausdrücklich auf den Meierhof bezieht, wurde 1965 in einer kleinen Zeremonie von der *Société Belge*

Das Schlachtfeld von Waterloo mit den Denkmälern,
links das Denkmal für die Soldaten der Königlich Deutschen Legion,
rechts das Ehrenmal für Oberst Gordon.

d'Études Napoléoniennes unter Mitwirkung des Kulturattachés an der französischen Botschaft in Brüssel errichtet. Es ist schlicht «Der Erinnerung an die französischen Kämpfer, die am 18. Juni 1815 vor den Mauern von La Haye Sainte heldenhaft ihr Leben opferten», gewidmet.[26]

Auf dem Schlachtfeld stehen die Gebäude fast wie vor zweihundert Jahren, gut instand gehalten und immer noch Teil eines funktionierenden landwirtschaftlichen Betriebs. Die Landschaft ringsum hat sich jedoch bis zur Unkenntlichkeit verändert.[27] Unmittelbar nach der Schlacht wurden die meisten der tiefen Hohlwege, in denen die französische Kavallerie mit so verhängnisvollen Folgen gelauert hatte, mit Leichen aufgefüllt. Später erforderte der riesige «Butte de Lion» zu Ehren des Prinzen von Oranien, der jetzt das

Schlachtfeld beherrscht, so umfangreiche Erdbewegungen, dass die damaligen Konturen des Kamms auf beiden Seiten des Gehöfts nicht mehr auszumachen sind. Die von Zeitgenossen beschriebene Steilheit ist nicht mehr erkennbar. Bereits Victor Hugo erhob den Vorwurf, das Schlachtfeld sei «zu seiner eigenen Verherrlichung entstellt worden».[28] Wellington soll, nachdem er die Veränderungen sah, ausgerufen haben: «Man hat mein Schlachtfeld ruiniert!» Straßenerweiterungsarbeiten der jüngeren Vergangenheit haben den Charakter weiter umgestaltet. Nichts davon wird Besuchern annähernd deutlich gemacht. Auch sonst lässt der Umgang mit La Haye Sainte vor Ort viel zu wünschen übrig. Das Panorama und das Museum befassen sich zwar mit der Verteidigung des Gehöfts, heben aber Hougoumont, die Kavallerieattacken und den Angriff der Kaiserlichen Garde viel stärker hervor. Eine DVD der Schlacht, die der Museumsladen anbietet, erwähnt die Königlich Deutsche Legion nur kurz und nicht in Zusammenhang mit La Haye Sainte.[29]

In England wird das Vermächtnis von La Haye Sainte und der Legion im Allgemeinen sehr positiv gesehen. Wellingtons Haltung war, wie man weiß, ambivalent. In seinen Berichten vom Schlachtfeld zollte er den Verbündeten noch angemessene Anerkennung, später neigte er jedoch dazu, den deutschen (besonders den preußischen) Anteil herunterzuspielen.[30] Für gewöhnlich zeigten die Briten durchaus eine große Bereitschaft, die militärische Leistung von Ausländern anzuerkennen. Heldengestalten des achtzehnten Jahrhunderts wie Prinz Eugen von Savoyen, Kommandeur im Spanischen Erbfolgekrieg, oder Friedrich der Große und Prinz Ferdinand von Braunschweig-Wolfenbüttel, Kommandeur im Siebenjährigen Krieg, wurden von der Öffentlichkeit ihrer Zeit gefeiert.[31] Das berühmte Gemälde «Veteranen in Chel-

Das heute noch bewohnte Anwesen La Haye Sainte von der Straßenseite aus gesehen, aufgenommen im Jahr 2001.

sea lesen die Nachricht von der Schlacht bei Waterloo» von Sir David Wilkie rückt neben der üblichen Zusammenstellung von Briten aus dem Vereinigten Königreich ganz deutlich Hannoveraner ins Bild. Der Generalbefehl des Herzogs von Cambridge, der die Legion im Februar 1816 in hannoversche Dienste stellte, spricht davon, sie sei «durch die *vereinten* [Hervorhebung des Autors] Anstrengungen englischer und deutscher Tapferkeit unsterblich»[32] geworden. Selbst einem Beobachter wie John Kincaid, der die meisten ausländischen Hilfstruppen des Herzogs kritisch sieht – «wir waren, alles in allem, eine sehr schlechte Armee» –, nimmt die Legion davon aus. «Die britische Infanterie und die Königlich Deutsche Legion», schreibt er, «blieben während der ganzen Zeit unbeugsame Verfechter der Ehre ihres Landes, und ihre unerschütterliche Beständigkeit unter völlig verzweifelten

Umständen zeigte, dass sie vielleicht vernichtet, aber nicht geschlagen werden konnten.»[33] Auch Hauptmann Leach berichtete: «Nichts konnte die entschlossene Tapferkeit übertreffen, mit der die Deutschen den Meierhof von La Haye Sainte verteidigten.»[34]

Noch in der britischen Populärkultur der Gegenwart spiegelt sich diese Hochachtung. Ausländische Soldaten in britischen Diensten spielen prominente Rollen in den weit verbreiteten «Sharpe»-Romanen von Bernard Cornwell und den Fernsehadaptionen. «Sharpes Waterloo», ursprünglich bei Independent Television gesendet und auf DVD verkauft, enthält Szenen mit Baring im Gehöft. Die kürzlich an der Mauer des Wohnhauses von La Haye Sainte durch Major Gardner enthüllte Gedenktafel ist auf eine britische, nicht auf eine deutsche Initiative zurückzuführen und wurde von der in Bexhill beheimateten Bexhill Hanoverian Study Group angeregt, deren Vorsitzender Gardner war. Im Memorial Garden in Bexhill gibt es eine von der Wellington-Biographin Lady Longford eingeweihte Gedenktafel. Gleichwohl tritt die wirkliche Bedeutung von La Haye Sainte hinter der (verständlichen) Betonung der Garden von Hougoumont, den schweren Kavallerieangriffen, Pictons Tod, der Standhaftigkeit der britischen Infanteriekarrees unter Artilleriefeuer und Kürassierattacken und schließlich hinter Maitlands Gnadenstoß gegen die Kaiserliche Garde zurück.

~

War Waterloo ein «deutscher Sieg»? Die These wurde zuerst von Julius von Pflugk-Harttung vor und während des Ersten Weltkriegs vertreten. Er behauptete, der Feldzug war «ein Sieg germanischer Kraft über französisches Ungestüm ..., im

Besondern ein Erfolg des deutschen Volkes».[35] Später wurde sie von Peter Hofschröer in einer Reihe wichtiger, aber umstrittener Werke weiter entfaltet. Sogar in dem James-Bond-Film *Hauch des Todes* fand sie ihren Niederschlag. «Ich hätte wissen sollen, dass Sie sich hinter diesem britischen Geier Wellington verstecken würden», wirft der Schurke General Bradley Whitaker dem Helden vor. «Sie wissen, dass er deutsche Söldner kaufen musste, um Napoleon zu schlagen, oder?» Die Interpretation hat einiges für sich. Etwa fünfundvierzig Prozent der Männer, mit denen Wellington die Schlacht *begann*, sprachen in irgendeiner Form Deutsch, und mit jeder neu eintreffenden preußischen Formation wuchs ihr Anteil. Am Ende bestand eine klare Mehrheit der verbündeten Kämpfer aus «Deutschen». In dieser Hinsicht war Waterloo in der Tat ein «deutscher Sieg».

Genauer und hilfreicher wäre es aber, wenn man Wellingtons Armee als «europäisch» bezeichnete: sechsunddreißig Prozent stellten die Briten (d. h. Engländer, Iren, Waliser, Schotten), zehn Prozent gehörten zur Königlich Deutschen Legion, zehn Prozent waren Nassauer (die sowohl in La Haye Sainte wie auch in Hougoumont kämpften), acht Prozent Braunschweiger, siebzehn Prozent entfielen auf Angehörige der regulären Hannoverschen Armee, dreizehn Prozent auf Holländer und sechs Prozent auf «Belgier» (Wallonen und Flamen). Das machte Waterloo zur «ersten NATO-Operation», wie es der D-Day-Veteran und frühere Chef des Generalstabs Edwin Lord Bramall formulierte.[36] Nach dieser Lesart handelte es sich bei Barings Truppe um eine multinationale Einheit in einer multinationalen Armee, die von einer multinationalen Koalition aufgestellt wurde. Ihr Divisionskommandeur von Alten wurde von seinem Biographen treffend als «Soldat Europas» bezeichnet.[37] In seinem letzten Befehl vom Februar 1816 verkündete der Herzog von Cambridge, die Legion habe bei Waterloo «die Sache Europas» wie die Sache ihres Souveräns, Georgs III., kraftvoll unterstützt. Die Königlich Deutsche Legion, insbesondere das 2. leichte Bataillon Barings, verkörpert somit eine deutsche militärische Tradition, die sich vom preußisch-österreichischen Kampf um die Vormacht im Reich, der Kleinstaaterei der deutschen Fürstentümer, der schwerfälligen Reichsexekutionsarmee des alten Heiligen Römischen Reiches, des Kaisers oder der Wehrmacht grundsätzlich unterscheidet.

Auch in anderer Hinsicht zeichnet sich Barings Leistung aus. Der Heldenmut der Garnison von La Haye Sainte war rational, nicht selbstmörderisch; sie kämpften zwar bis zur letzten Kugel, aber nicht bis zum letzten Mann. Omptedas letzter Angriff mag heroisch gewesen sein, doch aus heutiger Sicht kann man ihn nur mit gemischten Gefühlen betrachten. Denn er führte nicht nur seinen eigenen Tod, sondern den vieler Männer, die seinem Beispiel folgten, herbei. Heute würden wir ihn höher schätzen, hätte er seinen Standpunkt gegenüber von Alten und dem Prinzen von Oranien behauptet – natürlich ist das leichter gesagt als getan – und sich geweigert, wider besseres Wissen vorzurücken. Baring dagegen opferte keinen seiner Männer aus Leichtsinn zugunsten der Ehre oder im Geist einer todesverachtenden Hybris. Solange er konnte, hielt er stand. Dann zog er sich aus eigenem Entschluss zurück. Die meisten Männer unter seinem Kommando überlebten, obwohl viele furchtbare Verwundungen erlitten. Er traf das richtige Verhältnis zwischen Auftragserfüllung, der «Ehre» des Bataillons und der Verantwortung gegenüber seinen Männern. Sein Beispiel ist daher das genaue Gegenteil zum Thermopylen- oder Stalingrad-Komplex in der deutschen Militärgeschichte, bei dem die Soldaten sich restlos aufopfern, gleichgültig, ob sinnvoll oder sinnlos. Mehr als fünfzig Jahre hat sich die deutsche Armee, die Bundeswehr, mit dem Problem der «Tradition» herumgeschlagen, ohne das vor ihren Augen stehende Vorbild zu erkennen. Es ist an der Zeit, dass Barings Leistung und die seiner Männer die Anerkennung erfährt, die sie verdient, besonders von Seiten der Deutschen.

Damit soll in keiner Weise die Rolle der anderen Protagonisten, insbesondere der Briten und Preußen, oder auch der Franzosen geschmälert werden. «Wellington und Blücher Waterloo nehmen, heißt das England und Deutschland etwas rauben?», dürfen wir mit Victor Hugo fragen. Seine Antwort: «Nein. … Dem Himmel Dank, sind die Völker groß auch außerhalb der finstern Abenteuer des Schwertes. Weder Deutschland, noch England, noch Frankreich stecken in einer Säbelscheide.»[38] Zum Glück leben wir in einem Zeitalter, in dem die wichtigen Nationen West- und Mitteleuropas das Kriegsbeil begraben haben. Ihre Militärs arbeiten in der NATO eng zusammen, und vielleicht ist der Tag nicht fern, an dem sie sich zusammenschließen, um eine einzige Unionsarmee zu bilden. Sollte das geschehen, wäre es nicht das Schlechteste, wenn sie sich von der Idee der Königlich Deutschen Legion leiten ließen.

Anhang

Historische Notiz

~

«The history book on the shelf is always repeating itself»
«Waterloo», ABBA

Bedarf es wirklich noch eines Buches zu diesem Ereignis? Schließlich forderte Wellington die Nachwelt auf, sie solle «die Schlacht von Waterloo so belassen, wie sie ist». Zum Glück haben die Historiker sich nicht weiter darum gekümmert, und seit 1815 hat keine Darstellung, angefangen bei William Sibornes Pionierarbeit über Jac Wellers Darstellung der Perspektive des Herzogs[1] bis hin zu John Keegans eindringlicher Beschreibung von Sicht, Geräusch und Geruch an diesem Tag,[2] die Schlacht genau so hinterlassen, wie sie vorgefunden wurde. Unter den vielen allgemeinen Darstellungen sind die besten Alessandro Barberos *The Battle*, ein wirkliches Kunstwerk, dessen wenige Schwächen man nicht als Makel ansehen sollte, sondern als Schönheitsmale, welche die Vollkommenheit des Ganzen hervorheben, sowie Mark Adkins *Waterloo Companion*, ein Freund, zu dem man immer wieder gerne zurückkehrt, um sich zerstreuen und belehren zu lassen.[3] Im Lauf der letzten zwanzig Jahre erschienen auch vermehrt Forschungen zur Personalunion zwischen Großbritannien und Hannover während der napoleonischen Zeit. Insbesondere sind hier Torsten Riottes *Hannover in der britischen Politik*, Christopher Thompsons Arbeit über die Rolle Hannovers in der britischen Politik des frühen neunzehnten Jahrhunderts, Peter Hofschröers Untersuchungen zur Hannoverschen Armee und der Königlich Deutschen Legion sowie Mark Wishons bahnbrechende Arbeit zur Rolle der Wechselwirkungen zwischen britischer und deutscher Militärkultur von der Mitte des achtzehnten Jahrhunderts bis ins frühe neunzehnte Jahrhundert zu nennen.[4]

Dessen ungeachtet ist die ausschlaggebende Rolle der Königlich Deutschen Legion bei Waterloo und ihre berühmte Verteidigung des taktisch entscheidenden Gehöfts von La Haye Sainte nie hinreichend genau untersucht worden. Gewiss spielt in jeder größeren Darstellung der Schlacht der Kampf um den Meierhof eine prominente Rolle,[5] doch er wird immer der Belagerung von Schloss Hougoumont, dem Angriff der Gardebrigaden, Neys Kavallerieattacken auf die alliierten Karrees und dem letzten vergeblichen Vorrücken der Kaiserlichen Garde Napoleons nachgeordnet.[6] Selbst revisionistische Arbeiten wie Peter Hofschröers *German Victory*, die ihr Augenmerk weitgehend auf die Preußen richten, widmen La Haye Sainte überraschenderweise nur wenige Seiten.[7] Martin Mittelacher und Jochem Rudersdorf, die den Beitrag der Truppen des deutschen Fürstentums Nassau zur Verteidigung von Hougoumont und allgemein zur Schlacht bei Waterloo in den Mittelpunkt ihrer Arbeiten stellen, sagen wenig zu deren wichtiger Rolle in La Haye Sainte.[8] Die vergleichsweise neue Darstellung der Hannoveraner bei Waterloo von Jens Mastnak und Michael-Andreas Tänzer enthält eine Fülle interessanter Informationen und Einsichten, ist aber hauptsächlich als Begleitheft zu einer Ausstellung über den Beitrag der Hannoveraner zur Schlacht insgesamt und nicht als detaillierte Darstellung der Ereignisse im und um das Gehöft zu verstehen.[9] *La Haie-Sainte. Waterloo 1815* von Bernard Coppens und Patrice Courcelle ist ein Führer zum Schlachtfeld mit vielen interessanten Quellen und argumentiert überzeugend, dass Napoleon das Gehöft wahrscheinlich als «Mont St. Jean» bezeichnete. Es handelt sich hierbei im Wesentlichen um eine Quellensammlung.[10]

Zum Film

~

Die einzige größere filmische Darstellung der Schlacht, Sergej Bondarchuks künstlerisch hervorragender, historisch jedoch etwas suspekter Film *Waterloo* (1970, mit Christopher Plummer als unvergesslichem Wellington und Rod Steiger als ausgezeichnetem Napoleon), erwähnt weder Baring noch die Königlich Deutsche Legion, trotz Napoleons beiläufiger Bemerkung gegen Ende: «Das Gehöft ist der Schlüssel zum Ausgang der Schlacht.»

Zum zeitlichen Ablauf

~

Den genauen *Zeitpunkt* bestimmter Augenblicke der Schlacht und auch der Belagerung von La Haye Sainte festzustellen, ist sehr schwierig. Aus diesem Grund hat der Autor generell spezifische Angaben vermieden und sich stattdessen auf die Darstellung bestimmter *Abläufe* konzentriert. Durch eine Kombination aus Quellenkritik und Querverweisen konnte so ein beträchtliches Maß an Genauigkeit erreicht werden. Gleichwohl ist es durchaus möglich, dass einige Kavallerieattacken auf die Linienregimenter der Königlich Deutschen Legion außerhalb des Gehöfts in der falschen zeitlichen Reihenfolge dargestellt wurden, manchmal vielleicht allein deswegen, weil sie offenbar schon von den Teilnehmern oder von späteren Historikern durcheinandergebracht worden sind. Hier wie in allen anderen Teilen des Buches sind Irrtümer des Autors selbstredend nicht nur möglich, sondern wahrscheinlich, und jede Korrektur ist ihm willkommen.

In diesem Zusammenhang sollte man sich an den Einwurf des Rittmeisters Wilhelm von Schnehen erinnern, der neun Jahre nach der Schlacht schrieb: «Alles was ich im Stande bin über die Schlacht von Waterloo zu sagen, kann nicht anders als höchst mangelhaft und unvollkommen sein. Von dem Augenblick an, wo das Regiment thaetigen Antheil daran nahm, erforderte die unter meinem Kommando stehende Schwadron meine ganze Aufmerksamkeit; an eine genaue Beobachtung desjenigen, was entfernt von mir vorging, war deshalb nicht zu denken. Manches worüber ich hätte Auskunft geben können, ist nach Verlauf eines so [langen?] Zeitraums meinem Gedächtnis entfallen.»[1] Und man sollte nicht Christoph Heises Bemerkungen vergessen: «Ich weiss aus Erfahrung (bei der früheren Sammlung der Dokumente zur Aufstellung der Geschichte der Königlich deutschen Legion), mit welchen Schwierigkeiten die Aufgabe verbunden ist, aus widersprechenden Angaben sonst ganz glaubwürdiger und [unleserlich] Augenzeugen, den wirklichen Hergang einer Sache genau zu ermitteln, und oft muss der Geschichtsschreiber zufrieden sein, wenn nicht beide Gegner über *ihn* herfallen.»[2]

Zu den Quellen

~

Wie sehr wir uns auch von vergangenen Dingen zu unterrichten bestrebt sind und uns mit Geschichte von Jugend auf im Allgemeinsten und Allgemeinen beschäftigen, so finden wir doch zuletzt, daß das Einzelne, Besondere, Individuelle uns über Menschen und Begebenheiten den besten Aufschluß gibt, weßhalb wir denn nach Memoiren, Selbstbiographien, Originalbriefen und was für ähnliche Documente der Art auch übrig geblieben, auf's angelegentlichste begehren.

Johann Wolfgang von Goethe[1]

Die vorliegende Darstellung beruht auf sehr unterschiedlichen Quellen, von denen einige von den Historikern der Schlacht bisher nicht ausgewertet wurden. Zur Schlacht insgesamt gibt es zahlreiche Quellensammlungen. Die Unterlagen von William Siborne, der die erste ernsthafte Analyse der Schlacht von Waterloo vornahm, enthalten eine Fülle an Augenzeugenberichten von Offizieren der Königlich Deutschen Legion.[2] Die «Tagebücher» der beteiligten Regimenter sind durch Julius von Pflugk-Harttung veröffentlicht worden.[3] Gareth Glover hat mit dem Sammeln und Veröffentlichen der Quellen, einschließlich der Übersetzung deutscher Quellen, glänzende Arbeit geleistet.[4] Dank der Bemühungen von Andrew Field liegt nun auch ein Bild der französischen Angreifer vor, das sie nicht nur als undifferenzierte Masse zeigt, sondern – soweit die Quellen das erlauben – als Menschen aus Fleisch und Blut.[5]

Die von Historikern bisher nicht oder nur wenig genutzten Quellen beziehen sich unmittelbarer auf La Haye Sainte. Der Kommandeur des 2. leichten Bataillons, Major Georg Baring, schrieb in den dreißiger Jahren des neunzehnten Jahrhunderts eine detaillierte und weithin bekannte Darstellung, doch ein weiterer, noch aufschlussreicherer – und bisher nicht verwendeter – Bericht von ihm befindet sich im Hauptstaatsarchiv Hannover.[6] Auch die Unterlagen von Oberst North Ludlow Beamish, die keineswegs alle Eingang in seine zweibändige Geschichte der Legion fanden, enthalten wertvolles Material.[7] Ein jüngerer Offizier der Legion, Leutnant Biedermann, schrieb seine Erinnerungen nieder, und besonders ungewöhnlich für diese Zeit ist die detaillierte Beschreibung des Schützen Lindau, eines einfachen Soldaten.[8] Aufgrund des «Guelphen-Orden», der von Hannover gestiftet worden war und an unbestallte Offiziere und einfache Soldaten verliehen werden sollte, besitzen wir überdies durch die ehrenvollen Erwähnungen ihrer Tapferkeit eine umfangreichere Beschreibung von Taten einfacher Soldaten, als es sonst der Fall ist, wenn auch auf Grundlage der Empfehlungen von Vorgesetzten.[9] Selbstverständlich sind Augenzeugenberichte immer mit der nötigen Vorsicht zu lesen.[10]

Dank

Den größten Dank schulde ich meiner Frau, Anita Bunyan, die neben vielem anderen mehrere Reisen zum Ort der Schlacht organisierte und mir mit gründlichen und umfassenden Stellungnahmen zum Text behilflich war. Die Ursprünge des Buches liegen in meiner Kindheit, vor fast vierzig Jahren, als ich noch ein kleiner Junge war und mein Vater, David Simms, mir zum ersten Mal von der Schlacht bei Waterloo erzählte. Ihm und meiner Mutter Anngret bin ich für ihre Ermutigung tief dankbar. Den Anstoß zum Schreiben dieses Buches erhielt ich vor etwa fünf Jahren. Damals erfuhr ich, dass Nathalie Hamilton, geborene de Lannoy, den Gutshof La Haye Sainte gut kannte, weil sie mit dessen Besitzer seit Kindertagen eine lange Freundschaft verband. Ihr verdanke ich die Bekanntschaft mit Graf François Cornet d'Elzius und seiner deutschen Frau Susanne. Beide nahmen mich mit großer Gastfreundschaft auf und unterstützten mich in jeder Weise. Die außerordentliche historische Bedeutung von La Haye Sainte ist ihnen bewusst, doch ich bitte den Leser zu bedenken, dass dieser Ort ihr Heim und noch immer ein landwirtschaftlicher Betrieb ist und man ihre Privatsphäre achten sollte.

Für meine Arbeit konnte ich auf die Fachkenntnisse von Studenten, Kollegen und Freunden zurückgreifen, von denen viele frühere Fassungen des Buches lasen und Vorschläge und Anregungen dazu machten. Wertvolle Hintergrundinformationen zu den Anfängen der Königlich Deutschen Legion lieferte mir Torsten Riotte. Ilya Berkovich machte mich als Erster auf die Bedeutung ideologischer Motive für die Kampfbereitschaft der Armeen des alten Regimes aufmerksam. Zum Verständnis des komplexen englisch-deutschen Erbes der Schlacht von Waterloo, insbesondere des hannoverschen Anteils, erwiesen sich die Arbeiten von Jasper Heinzen als unverzichtbar. Mein alter Freund James Carleton Paget las den Text und verbesserte ihn erheblich. Wiebke Meier, die deutsche Übersetzerin, und Bela Cunha, die Lektorin der Penguin-Ausgabe, wiesen mich auf eine Reihe von Fehlern und Inkonsistenzen hin. Mein Dank gilt außerdem Stella Child von der Bexhill Hanoverian Study Group, die sich unermüdlich für den Erhalt des Nachlasses der Königlich Deutschen Legion im National Army Museum eingesetzt hat. Barbara Hoffmann war mir beim Auffinden der Dokumente im Hannoverschen Hauptstaatsarchiv behilflich. Die Funktionsweise der Baker-Büchse wurde mir von Jamie Hood, National Army Museum, erklärt. Jens Mastnak und Michael-Andreas Tänzer vom Arbeitskreis Hannoversche Militärgeschichte korrigierten zahlreiche Fehler und machten viele hilfreiche Vorschläge, die hier nicht im Einzelnen genannt werden können. Jens Mastnaks in Kürze erscheinendes Buch über die Legion wird sich für Forschungen zu diesem Gegenstand als unverzichtbares Hilfsmittel erweisen, und es ist zu hoffen, dass sich rasch ein englischer Übersetzer dafür findet.

Ihnen allen bin ich für Rat und Hilfe dankbar.

Meine Schwiegereltern, Richard und Aileen Bunyan, nahmen mich nicht nur während der Arbeit an dem Buch gastfreundlich auf, sondern stellten mir auch ihre umfangreiche historische Bibliothek zur Verfügung. Mit Geduld ertrugen meine Töchter Constance und Katherine mein Interesse an der Schlacht von Waterloo.

Doch ohne die Unterstützung der Carl Friedrich von Siemens Stiftung, die mich für ein Jahr als Fellow nach München einlud, wäre dieses Buch nicht geschrieben worden. Während dieser Zeit konnte ich den größten Teil der Forschungsarbeit erledigen und einen beträchtlichen Teil des Textes niederschreiben. Ich danke ihr und ihrem Direktor, Professor Heinrich Meier.

Leitung und Kollegen des Peterhouse College boten dem Historiker wie immer eine stimulierende und der Arbeit förderliche Atmosphäre, ebenso das Department of Politics and International Studies der Universität Cambridge. Heldenhaft druckte Hazel Dunn Dokumente für mich aus, Marcus von Salisch, Mitarbeiter am Militärgeschichtlichen Forschungsinstitut Potsdam, veranlasste freundlicherweise die Zusammenstellung einer vorläufigen Bibliographie. Mein Verständnis für Militärgeschichte hat sich durch die Verbindung zu dieser wichtigen Institution erheblich vertieft.

Weiterer Dank gilt Ronald Asch, Jacques Beauroy, Alessandro Barbero, Georg Baumann, Gemma Betros, John Bew, Tim Blanning, Arndt Brendecke, Mike Broers, Jonathan Bronitsky, Martin Coycott Brown, Etienne de Durand, Charles Esdaile, Liam Fitzgerald, Dominik Geppert, Daniela Hacke, Mary Catherine Hart, Rona Hemingway, Leighton James, Linda von Keyserlinck, Shivan Mahendrajah, Rebecca Newell, Jochem Rudersdorf, Frederick Schofield, Adam Storring, Geoffrey Wawro, Hanna Weibye, Mark Wishon.

Zu guter Letzt danke ich meinem Sohn Hugh, dessen Interesse an der Schlacht von Waterloo auch mein eigenes Interesse immer wieder neu belebte und dessen Kenntnisse der Napoleonischen Kriege die seines Vaters bereits weit übertreffen. Dieses Buch ist für ihn geschrieben worden.

Anmerkungen

Vorwort

1 Siehe hierzu allgemein: Tim Blanning: *18. Juni 1815: Waterloo*. In: Etienne François / Uwe Puschner (Hg.): *Erinnerungstage. Wendepunkte der Geschichte von der Antike bis zur Gegenwart*. München 2010, S. 163–185.

2 Victor Hugo: *Die Elenden*. Übers.: L. von Alvensleben, Berlin 2. Aufl. 1863, Bd. 3, S. 47.

3 Rowena Mason: *Waterloo Battlefield in Belgium to Get £1 Million for 200th Anniversary*. In: *Daily Telegraph*, 26.6.2013.

4 Ben Macintyre: *Without Prussia We'd All be Speaking French*. In: *The Times*, 28.6.2013.

5 Albert A. Nofi: *The Waterloo Campaign, June 1815*. Cambridge, Mass., 1998, S. 29.

6 Lord Byron: *Childe Harold's Pilgrimage*, Canto III, Strophen 18 und 35.

Kapitel 1 – Vorspiel

1 Ein detaillierter Bericht findet sich bei Peter Hofschröer: *1815, The Waterloo Campaign. The German Victory: From Waterloo to the Fall of Napoleon*. London 1999; sowie Peter Hofschröer: *Waterloo 1815. Quatre Bras and Ligny*. Barnsley 2005.

2 Friedrich Lindau: *Erinnerungen aus den Feldzügen der Königlich-deutschen Legion in Spanien, Portugal usw.* ND Wegberg 2006, S. 68.

3 Emanuel Biedermann: *Erinnerungen, Wanderungen, Erfahrungen und Lebensansichten eines froh- und freisinnigen Schweizers*. 2 Bde., Trogen 1828 / 1829, Bd. I, S. 187.

4 David Miller: *The Duchess of Richmond's Ball, 15. June 1815*. Staple-

hurst 2005, S. 120–121, berichtet, dass nur ein Offizier der KGL, der zu einer anderen Brigade gehörte, dort anwesend war.

5 John Kincaid: *Adventures in the Rifle Brigade in the Peninsula, France and the Netherlands from 1809 to 1815*. London 1830; Reprint Staplehurst 1998, S. 160–162.

6 Biedermann: *Erinnerungen*, Bd. I, S. 186.

7 Biedermann: *Erinnerungen*, Bd. I, S. 185–187.

8 Biedermann: *Erinnerungen*, Bd. I, S. 186.

9 Wellington an Earl Bathurst, 19.6.1815. In: Arthur Aspinall / Ernest Anthony Smith (Hg.): *English Historical Documents: 1783–1832*. Oxford 1959, S. 933.

10 Biedermann: *Erinnerungen*, Bd. I, S. 188.

11 Ich folge an dieser Stelle Biedermanns Chronologie: *Erinnerungen*, Bd. I, S. 188.

12 So Carole Divall: *To the Last Cartridge. Wilhelm Wiese and Simon Lehmann of the Königlich Deutsche Legion*. In: dies.: *Napoleonic Lives. Researching the British Soldiers of the Napoleonic Wars*. Barnsley 2012, S. 81.

13 David Howarth: *A Near Run Thing. The Day of Waterloo*. London 1968, S. 121.

14 Biedermann: *Erinnerungen*, Bd. I, S. 189.

15 Eine eindringliche Darstellung zur französischen Armee findet sich bei Alan Forrest: *Napoleon's Men. The Soldiers of the Revolution and Empire*. London / New York 2002.

16 Louis Canler: *Mémoires de Canler, ancien chef du service de sureté*. Brüssel / Leipzig 1862, S. 10 f.: «Un jeune soldat, ou plutôt un tronçon d'homme», dessen «deux jambes emportées par un boulet», rief: «Vive l'Empereur! J'ai perdu mes deux jambes, mais je m'en f…! La victoire est à nous! Vive l'Empereur!»

17 Jean Baptiste Drouet, Comte d'Erlon: *Vie militaire écrit par lui-même et dédiée à la ville de Rheims*. Paris, 1844, S. 96 : «La nuit fut affreuse, la pluie tombait avec abondance, ce qui avait détrempé le terrain de manière à gêner beaucoup les mouvements de l'artillerie. Les troupes avaient passé la nuit sans abri, aucun fusil ne pouvait faire feu.»

18 Canler: *Mémoires*, S. 10–12.

19 Drouet: *Vie militaire*, S. 96: «avec le ton d'un profond chagrin».

20 Biedermann: *Erinnerungen*, Bd. I, S. 189.

1 Die Stärke des 2. leichten Bataillons schwankte. Sie erreichte ihren Höhepunkt im Oktober 1810 mit 695 Mann, betrug normalerweise aber etwa 460 Mann. Damit war es bei Waterloo erheblich unter seiner normalen Stärke. *Monthly Returns of Quarters of H.M. Troops as Applicable to Bexhill from 1795–1819* (Zahlen für die Jahre 1804–1814), *Bexhill Hanoverian Study Group Records*.

2 Siehe North Ludlow Beamish: *History of the King's German Legion*. 2 Bde., London 1832–37 (dt. Ausgabe mit zusätzlichem Material: *Geschichte der Königlich Deutschen Legion*. 2 Bde., Berlin 2. Aufl. 1906); Bernhard Schwertfeger: *Geschichte der Königlich Deutschen Legion 1803–1816*. 2 Bde., Hannover 1907; Mike Chappell: *The King's German Legion 1803–1812*. Oxford 2000. Die Königlich Deutsche Legion ist nicht mit der Hannoverschen Armee zu verwechseln, die später wieder aufgebaut wurde und ebenfalls bei Waterloo kämpfte: Peter Hofschröer: *The Hanoverian Army of the Napoleonic Wars*. Oxford 1989.

3 Zur früheren Periode siehe Torsten Riotte: *Die Entstehung der Königlich–deutschen Legion (1803–1806). Hannoversche Truppen in britischen Diensten während der Napoleonischen Kriege.* Magisterarbeit, Universität Köln 1999. Zur späteren Phase siehe Daniel Savage Gray: *The Services of the King's German Legion in the Army of the Duke of Wellington: 1809–1815*. Dissertation, Florida State University 1970. Major Rautenberg, 1. leichtes Bataillon, Königlich Deutsche Legion: *Chronologische Übersicht der K. deutschen Legion besonders mit Bezug auf die leichten Infanteriebataillone vom Jahre 1805 bis 1816*, Hauptstaatsarchiv Hannover [HStAH], Hann. 38D 234. Eine maßgebliche Arbeit für den gesamten Zeitraum ist: Jens Mastnak: *Werbung und Ersatzwesen der Königlich Deutschen Legion 1803–1813*. In: *Militärgeschichtliche Zeitschrift* 60/2001, S. 119–142, und seine demnächst erscheinende Monographie: *Die Königlich Deutsche Legion 1803–1816. Lebenswirklichkeit in einer militärischen Formation der Koalitionskriege.* In: *Forschungen zur Hannoverschen Militärgeschichte,* Celle. Eine Darstellung des weiteren Umfeldes bietet Mark Wishon: *German Forces and the British Army. Interactions and Perceptions 1742–1815*. Basingstoke 2013, S. 165–192.

4 Bexhill Hanoverian Study Group: *Proposals for Enlisting Recruits from Amongst Prisoners of War in England for the King's German Legion,* Horse Guards, 17.10.1811. In: *Newsletter* 44/November 2005.

5 Das ergibt sich aus: Otto Puffahrt (Hg.): *In der Schlacht von Waterloo gefallene, verwundete und vermisste Soldaten aus der Hannoverschen Armee.* Lüneburg 2003, S. 70–77. Über die Ersatzmänner im 2. leichten Bataillon haben wir nicht mehr Informationen, weil alle Papiere an Bord der *HMS Northumberland* verlorengingen, als sie 1807 in der Irischen See sank, vgl. Bernhard Schwertfeger: *Peninsula – Waterloo. Zum Gedächtnis der königlich-deutschen Legion.* Hannover 1914, S. 21.

6 Siehe hierzu die Zahlen bei Jens Mastnak: *Die Königlich Deutsche Legion,* S. 121.

7 Siehe Terry Cooper: *Officers of the King's German Legion 1803–1816.* Typoskript, York 1999, in dem Beamish und Schwertfeger auf den neuesten Stand gebracht und erweitert werden, S. 18, 24, 25, 30, 36–37 (zu den britischen Zahlmeistern). National Army Museum [NAM] 1999-03-138-1-1, und Peter B. Boyden: *The King's German Legion and Their Bankers,* Typoskript in den Unterlagen der Bexhill Hanoverian Study Group.

8 Eine eindringliche Darstellung bei Mark Urban: *Rifles. Six Years with Wellington's Legendary Sharpshooters.* London 2003.

9 Zu den Dienstbedingungen siehe Beamish: *History,* Bd. I, S. 350.

10 Bernhard von Poten: *Des Königs Deutsche Legion 1803 bis 1816. Beiheft zum Militär-Wochenblatt* 11/1905, S. 421.

11 So Biedermann: *Erinnerungen,* Bd. I, S. 141. Eine eingehende Erörterung bei Mastnak: *Die Königlich Deutsche Legion,* S. 182–205.

12 Siehe Julius Runnebaum: *General Graf Carl von Alten: Ein Soldat Europas.* Hildesheim 1964.

13 Zu Wellington und zur Königlich Deutschen Legion auf der Iberischen Halbinsel und in Südfrankreich siehe Huw J. Davies: *Wellington's Wars. The Making of a Military Genius.* New Haven/London 2012, S. 105, 165, 200; Lawrence James: *The Iron Duke. A Military Biography of Wellington.* London 1992, S. 137–139; Michael Glover: *Wellington as Military Commander.* London 1968, S. 132 und 177.

14 Von Poten: *Des Königs Deutsche Legion,* S. 421.

15 Von Poten: *Des Königs Deutsche Legion,* S. 421.

16 *Journale der Acht Linien und Veteranen Bataillone der King's German Legion 1803 bis 1816,* HStAH Hann. 38D 236, fol. 225.

17 Jasper Heinzen/Mark Wishon: *A Patriotic Mercenary? Sir Julius von Hartmann as a Hanoverian Officer in British Service 1803–1816.* In: *Comparativ. Zeitschrift für Globalgeschichte und vergleichende Gesell-*

schaftsforschung 23,2/2013, S. 13–26. Ich danke Jasper Heinzen, dass ich den Text vor der Publikation einsehen durfte. Siehe auch J. von Hartmann (jr.): *Der Königlich-Hannoversche General Sir Julius von Hartmann. Eine Lebensskizze*. Hannover 1858.

18 Bexhill on Sea Museum, *Local History Folder* A/HF20 (Heiratsverzeichnis).

19 Siehe Brendan Simms: *Three Victories and a Defeat. The Rise and Fall of the First British Empire 1714–1783*. London 2007, S. 417–418 et passim.

20 Siehe Nicholas B. Harding: *Hanover and British Republicanism*. In: Brendan Simms/Torsten Riotte (Hg.): *The Hanoverian Dimension in British History 1714–1837*. Cambridge 2007, S. 301–323 (besonders S. 320–322).

21 Bernhard von Poten: *Georg Freiherr von Baring, Königlich Hannoverscher Generallieutenant 1773 – 1848: Ein Lebensbild auf Grund von Aufzeichnungen des Verstorbenen und von Mittheilungen der Familie. Beiheft zum Militär-Wochenblatt* 1/1898, S. 1–78, hier: S. 35. Siehe auch Janet Harris: *The KGL at Bexhill on Sea*. In: Gwen Davis (Hg.): *The King's German Legion. Records and Research*. Maidenhead 2000, S. 12–17, besonders S. 13–14.

22 Siehe *KGL marriages 1804–1814*, St. Peter's Church, Bexhill, nach Dr. Vernon mit Ergänzungen von Terry Cooper aus York, Archives of the Bexhill Hanoverian Study Group, Bexhill Old Town Preservation Society.

23 Siehe *KGL marriages 1804–1814*, St. Peter's Church, Bexhill.

24 Eine Diskussion der komplexen Motivlage findet sich bei Heinzen/Wishon: *A Patriotic Mercenary?*, S. 18. Auch Mastnak: *Die Königlich Deutsche Legion*, S. 141–146; er hebt sachliche und patriotische Motive hervor, warnt aber davor, hier anachronistisch ein Nationalgefühl erkennen zu wollen.

25 Siehe Schwertfeger: *Peninsula*, S. 26.

26 Ein entsprechender Vergleich bei Howarth: *A Near Run Thing*, S. 119.

27 Zitiert in Heinzen/Wishon: *A Patriotic Mercenary?*, S. 18. Zu Hannoveranern, die unter Napoleon dienten, siehe Georg Schnath: *Die Légion Hanovrienne: eine unbekannte Hilfstruppe Napoleons 1803–1811*. In: ders.: *Ausgewählte Beiträge zur Landesgeschichte Niedersachsens*. Hildesheim 1968, S. 280–329.

28 Friedrich Heinecke: *Meine Abenteuer als Werber gegen Napoleon*. (Hg. Robert Walter). Hamburg 1925, S. 5–6 (1847 geschrieben). Eine umfassende Untersuchung solcher Einstellungen nimmt

Karen Hagemann für Norddeutschland vor: *Francophobia and Patriotism: Anti-French Images and Sentiments in Prussia and Northern Germany during the Anti-Napoleonic Wars.* In: *French History* 18,4/2004, S. 404–425.

29 Anonymus: *Erinnerungen eines Legionärs oder Nachrichten von den Zügen der Deutschen Legion des Königs (von England) in England, Irland, Dänemark, der Pyrenäischen Halbinsel, Malta, Sicilien und Italien. In Auszügen aus dem vollständigen Tagebuche eines Gefährten derselben.* Hannover 1826, S. 1.

30 Lindau: *Erinnerungen,* S. 4.

31 Biedermann: *Erinnerungen,* Bd. I, S. 71, 146–147.

32 Christopher Hibbert (Hg.): *The Wheatley Diary. A Journal and Sketch-Book Kept During the Peninsular War and the Waterloo Campaign.* London 1964, S. 64.

33 Siehe August Hirsch: *Georg Hartog Gerson. ADB* 9, Leipzig 1879, S. 57–58; Ortwin Pelc: *Hamburg und Waterloo.* Museum für Hamburgische Geschichte, Heft 29/2000; Georg Baumann: *Dr. Georg Hartog Gerson.* Bexhill Hanoverian Study Group. In: *Newsletter* 49/April 2008.

34 Siehe Brendan Simms: *The Impact of Napoleon. Prussian High Politics, Foreign Policy and the Crisis of the Executive 1797–1806.* Cambridge 1997, S. 238, und Friedrich von Ompteda (Hg.): *Politischer Nachlaß des hannoverschen Staats- und Cabinetsministers Ludwig von Ompteda aus den Jahren 1804 bis 1813.* Jena 1869.

35 Ludwig von Ompteda (Hg.): *Ein hannoversch-englischer Offizier vor hundert Jahren. Christian Friedrich Wilhelm Freiherr von Ompteda. Oberst und Brigadier in der Königlich-Deutschen Legion. 26. November 1765 bis 18. Juni 1815.* Leipzig 1892, S. 270–271.

36 Christian von Ompteda an Ludwig von Ompteda, 8.6.1815, Escaussines Lalaing unweit Soignies und Braine le Comte. In: Ompteda: *Ein hannoversch-englischer Offizier,* S. 272.

37 Ompteda: *Ein hannoversch-englischer Offizier,* S. 274.

38 So Barings autobiographische Darstellung in von Poten: *Georg Freiherr von Baring,* S. 8.

39 Von Poten: *Georg Freiherr von Baring,* S. 9.

Kapitel 3 – Verhängnisvolle Fehler

1 So der Erzähler in Ompteda: *Ein hannoversch-englischer Offizier,* S. 280.

2 Heinrich Dehnel: *Erinnerungen deutscher Officiere in britischen*

Diensten aus den Kriegsjahren 1805 bis 1816. Nach Aufzeichnungen und mündlichen Erzählungen zusammengetragen und mit einzelnen geschichtlichen Erläuterungen begleitet. Hannover 1864, S. 285–286.

3 Laut Dehnel, *Erinnerungen deutscher Offiziere*, S. 285–286, existiert ein Gemälde von Georg Bergmann: «Omptedas letztes Wachfeuer».

4 Lindau: *Erinnerungen*, S. 69.

5 Biedermann: *Erinnerungen*, Bd. I, S. 190.

6 Biedermann: *Erinnerungen*, Bd. I, S. 190.

7 Wie der Grundriss von La Haye Sainte zeigt: HStaH Hann. 38D 243, fol. 211.

8 Lindau: *Erinnerungen*, S. 69.

9 Zitiert in Barbero: *The Battle*, S. 152.

10 Kincaid: *Adventures*, S. 165.

11 Siehe Ian Fletcher: *A Desperate Business. Wellington, the British Army and the Waterloo Campaign*. Staplehurst 2001, S. 99–100.

12 Siehe Dehnel: *Erinnerungen deutscher Officiere*, S. 286; Ompteda: *Ein hannoversch-englischer Offizier*, S. 281; Jonathan Leach: *Rough Sketches of the Life of an Old Soldier*. London 1831, S. 383.

13 Wheatley: *Diary*, S. 63.

14 *Effectiver Bestand des vormaligen 2ten leichten Battalions der K. D. Legion in der Schlacht von Waterloo*, von Lt. Bernhard Riefkugel, 20.11.1824, HStaH Hann. 41.152, fol. 45.

15 Nicht unter dem Kommando von Baring, da er jünger als von dem Bussche war. Siehe *Wyneken Remarks to Waterloo*, HStaH Hann. 38D 243, fol. 47. Die Kommandeure der Kompanie waren Wyneken und von Goeben.

16 So Baron Ernst Knesebeck: Travellers Club, 27.7.1845. In: Gareth Glover (Hg.): *Letters from the Battle of Waterloo. The Unpublished Correspondence by Allied Officers from the Siborne Papers*. London 2004, S. 306.

17 Barbero: *The Battle*, S. 63.

18 Canler: *Mémoires*, S. 12: «chaque compagnie démonta ses fusils pour les graisser, changer les amorces et faire sécher les capotes … un de nos caporaux quelque peu garçon boucher, tua, écorcha et mit en morceaux notre pauvre petit mouton … Après une heure de cuisson, le capitaine et le sous-lieutenant de la compagnie vinrent prendre leur part de notre repas, qui, je me hâte de le dire, avait un goût detestable, car, au lieu de sel dont nous manquions absolument, notre cuisinier avait imaginé de fourrer une poignée de poudre dans la marmite.»

19 Canler: *Mémoires*, S. 12–13: «par un mouvement spontané qui ressemblait en quelque sort à une commotion électrique, casques, shakos, bonnets à poil furent agités au bout des sabres ou des baionettes, aux cris frénétiques de Vive l'empereur!!!»

20 Zitiert nach Andrew W. Field: *Waterloo. The French Perspective.* Barnsley 2012, S. 51.

21 Jean Charras: *Histoire de la campagne de 1815*. Brüssel 1858, S. 255.

22 Siehe Field: *Waterloo. The French Perspective*, S. 57.

23 Barbero: *The Battle*, S. 72–73.

24 Siehe zu dieser Frage Bernard Coppens / Patrice Courcelle: *La Haie-Sainte. Waterloo 1815*. In: *Carnets de Campagne* 3 / 2000. Siehe auch Glenn van den Bosch: *The Importance of Maps at the Battle of Waterloo.* In: *Brussels International Map Collectors' Circle*, Mai 2008, S. 15–17.

25 Field: *Waterloo. The French Perspective*, S. 57.

26 Drouet: *Vie militaire*, S. 97: «*[L]e deuxième corps chercha à s'emparer de la ferme de Hougoumont, et le premier corps devait se render maître de la Haie-Sante, placée sur la route de Bruxelles.*»

27 Siehe Barbero: *The Battle*, S. 153.

Kapitel 4 – Kampf um das Scheunentor

1 Carl Jacobi: *Erinnerungen aus dem Kriegsjahre 1815 und aus den Occupationsjahren 1816, 1817, 1818*. Hannover 1865, S. 30–31.

2 Mark Adkin: *The Waterloo Companion*. London 2001, S. 298.

3 Zitiert nach Barbero: *The Battle*, S. 130.

4 Dehnel: *Erinnerungen deutscher Officiere*, S. 287.

5 Beamish: *Geschichte der Königlich Deutschen Legion*, Bd. II, S. 381.

6 Siehe die Beschreibung von Edward Cotton: *A Voice from Waterloo.* London 1974 (Erstpublikation 1849), S. 32, und von Leach: *Rough Sketches*, S. 387, der unmittelbar neben dem Gehöft seine Stellung hatte.

7 Zitiert in Gareth Glover (Hg.): *The Waterloo Archive IV. British Sources*. Barnsley 2012, S. 217.

8 Kincaid: *Adventures*, S. 164.

9 Wie beschrieben bei Biedermann: *Erinnerungen*, Bd. I, S. 190.

10 So Biedermann: *Erinnerungen*, Bd. I, S. 190–191.

11 Hinsichtlich der Frage, wie die Aufstellung tatsächlich war, gibt es unterschiedliche Ansichten. Eine zweifellos plausible Alternative nennt David Buttery: *Waterloo. Battlefield Guide.* Barnsley 2013, S. 81–84 (mit einer Karte auf S. 80).

12 Siehe Adkin: *Waterloo Companion*, S. 343.

13 Canler: *Mémoires*, S. 13: «ce fut un duo effroyable execute par les deux batteries composées de près de deux cent canons; les boulets, les bombes, les obus, passaient en sifflent au dessus de nos têtes».

14 Canler: *Mémoires*, S. 13: «la voix calme de nos chefs faisaint executer ce seul commandment: serrez les rangs».

15 Cotton: *A Voice*, S. 53.

16 Leach: *Rough Sketches*, S. 387.

17 Kincaid: *Adventures*, S. 165–166.

18 Zitiert in Lindau: *Erinnerungen*, S. 69.

19 Siehe Hippolyte de Mauduit: *Histoire des derniers jours de la grande armée: Souvenirs, documents et correspondance inédite de Napoléon en 1815*. Paris 1848, S. 333–334.

20 Eine eindrucksvolle Darstellung findet sich bei Adkin: *Waterloo Companion*, S. 166.

21 Siehe Philip Eliot-Wright: *Rifleman. Elite Soldiers of the Wars Against Napoleon*. London 2000, S. 73–81.

22 Siehe von Poten: *Georg Freiherr von Baring*, S. 55, sowie Eduard Grosse/Franz Otto: *Waterloo. Gedenkbuch an das glorreiche Jahr 1815*. Leipzig 1865, S. 54.

23 Ludwig von Wissel (Hg.): *Ruhmwürdige Thaten, welche in den letzten Kriegen von Unteroffizieren und Soldaten der englisch-deutschen Legion und der hannoverschen Armee verrichtet sind*. Hannover 1846, S. 130.

24 So die Augenzeugenberichte von Leach: *Rough Sketches*, S. 387, und Kincaid: *Adventures*, S. 166.

25 Schwertfeger: *Geschichte der Königlich-Deutschen Legion*, Bd. I, S. 605–606.

26 Christoph Heise an Hauptmann Benne, 4.12.1840. In: Glover (Hg.): *Letters from the Battle*, S. 231 [engl. Übers.].

27 Darstellung von Hauptmann Friedrich Wilhelm von Gilsa, Einbeck, 9.12.1840. In: Glover (Hg.): *Letters from the Battle*, S. 225–226.

28 Siehe Beamish: *History of the King's German Legion*, Bd. II, S. 512.

29 Christoph Heise an Hauptmann Benne, 4.12.1840. In: Glover (Hg.): *Letters from the Battle*, S. 231–232 (Zitat S. 231). Zu Sander siehe Adolf Pfannkuch: *Die königlich deutsche Legion 1803–1816*. Hannover 1926, S. 243.

30 Siehe von Poten: *Georg Freiherr von Baring*, S. 60, und von Wissel: *Ruhmwürdige Thaten*, S. 60.

31 Dehnel: *Erinnerungen deutscher Officiere*, S. 288.

32 Von Wissel: *Ruhmwürdige Thaten*, S. 183.

33 Beamish: *Geschichte der Königlich Deutschen Legion*, Bd. II, S. 382–383, gibt als Verluste dreißig Mann an. Ompteda: *Ein hannoversch-englischer Offizier*, S. 282, nennt hundert Mann. Hinsichtlich des zeitlichen Ablaufs dieses Vorfalles herrscht Uneinigkeit. Schwertfeger: *Geschichte der Königlich-Deutschen Legion*, Bd. I, S. 615–616, nimmt an, er habe mehr als eine Stunde später stattgefunden, aber Brandis – der Augenzeuge war – nennt eindeutig einen Zeitpunkt unmittelbar nach der ersten Attacke d'Erlons. Dem entspricht der Bericht des hannoverschen Generalstabs, zitiert in Schwertfeger: *Geschichte der Königlich-Deutschen Legion*, Bd. II, S. 354–355.

34 So die Einschätzung Barings in *Geschichtliche Darstellung der Verteidigung von La Haye Sainte am 18. Juni 1815*, HStAH Hann. 38D 237, fol. 426.

35 Siehe Jens Mastnak / Michael-Andreas Tänzer: *«Diese denckwürdige und mörderische Schlacht»: Die Hannoveraner bei Waterloo*. Begleitpublikation zur Großdiorama-Ausstellung ‹Die Schlacht von Waterloo› in der Ehrenhalle der Hannoverschen Armee im Bomann Museum Celle. Celle 2003, S. 61.

36 Von Wissel: *Ruhmwürdige Thaten*, S. 130.

37 HStAH Hann. 38D 243, fol. 47.

38 Zu den unerschrockenen Lüneburgern siehe B. von Linsingen-Gersdorff: *Aus Hannovers militärischer Vergangenheit*. Hannover 1880, S. 313.

39 Biedermann: *Erinnerungen*, Bd. I, S. 191.

40 Jacobi: *Erinnerungen aus dem Kriegsjahre 1815*, S. 31–32.

41 Georg Baring: *Erzaehlung der Theilnahme des 2. leichten Bataillons der koenigl. Deutschen Legion an der Schlacht von Waterloo*. In: *Hannoversches Militairisches Journal*. Hannover, Erstes Heft 1831, S. 69–90, hier: S. 74–75.

42 Von Wissel: *Ruhmwürdige Thaten*, S. 130–131.

43 Barbero: *The Battle*, S. 210.

44 Zitiert in Cotton: *A Voice*, S. 63.

45 Antony Brett-James (Hg.): *Napoleon's Last Campaign from Eye-Witness Accounts*. London 1964, S. 145.

46 Jane Vansittart (Hg.): *Surgeon James's Journals 1815*. London 1865, S. 35–36.

47 Biedermann: *Erinnerungen*, Bd. I, S. 192.

Kapitel 5 – Inferno

1 Zitiert in Field: *Waterloo. The French Perspective*, S. 89.

2 So Jac Weller: *Wellington at Waterloo*. London 1967, S. 117. Charras: *Histoire*, S. 280–282, behauptet, dass weder Napoleon noch Ney daran dachten, das Gehöft unter Beschuss zu nehmen, was wenig glaubhaft erscheint. Der in Hougoumont angerichtete Schaden wurde vor allem durch unkontrolliertes Feuer verursacht (Buttery: *Waterloo. Battlefield Guide*, S. 59), während der Schaden in La Haye Sainte rechtzeitig behoben wurde.

3 Zitiert in Field: *Waterloo. The French Perspective*, S. 156.

4 August von Thurn und Taxis: *Aus drei Feldzügen. 1812 bis 1815*. Leipzig 1912, S. 332–333.

5 So Leach: *Rough Sketches*, S. 389, der sie von seiner Stellung im Osten des Gehöfts aus beobachtete.

6 Zitiert in Field: *Waterloo. The French Perspective*, S. 131–132.

7 Siehe von Wissel: *Ruhmwürdige Thaten*, S. 131.

8 Von Wissel: *Ruhmwürdige Thaten*, S. 132.

9 Von Wissel: *Ruhmwürdige Thaten*, S. 132–33.

10 Von Wissel: *Ruhmwürdige Thaten*, S. 131.

11 Baring: *Erzaehlung der Theilnahme des 2. leichten Bataillons*, S. 76.

12 William Siborne: *The Waterloo Campaign 1815*. Birmingham 4. Aufl. 1848, S. 454.

13 Wheatley: *Diary*, S. 66.

14 Beamish: *Geschichte der Königlich Deutschen Legion*, Bd. II, S. 387.

15 Beamish: *Geschichte der Königlich Deutschen Legion*, Bd. II, S. 387.

16 Wheatley meint damit Mörser- oder Haubitzengeschosse, die damals als Feld- und nicht als Belagerungsartillerie eingestuft wurden.

17 Wheatley: *Diary*, S. 66.

18 Wie Rittmeister Wilhelm von Schnehen an Major Bremer berichtet, 11.11.1824, HStAH Hann. 41.152, fol. 9–10.

19 Baring: *Erzaehlung der Theilnahme des 2. leichten Bataillons*, S. 76.

20 Baring: *Erzaehlung der Theilnahme des 2. leichten Bataillons*, S. 77.

21 Von Wissel: *Ruhmwürdige Thaten*, S. 183. (Der Zeitpunkt des Vorfalls ist unklar.)

22 Lindau: *Erinnerungen*, S. 72.

23 Lindau: *Erinnerungen*, S. 72.

24 Lindau: *Erinnerungen*, S. 73.

25 Von Wissel: *Ruhmwürdige Thaten*, S. 183.

26 Von Wissel: *Ruhmwürdige Thaten*, S. 133.

27 Baring: *Erzaehlung der Theilnahme des 2. leichten Bataillons*, S. 77.

28 So die Darstellung des Leiters des alliierten Artillerienachschubs Sir Richard Henegan: *Seven Years' Campaigning in the Peninsula and the Netherlands from 1808 to 1815*. London 1846, Bd. II, S. 321–322.

29 Cotton: *A Voice*, S. 89.

30 Beamish: *History of the King's German Legion*, Bd. II, S. 513.

31 Ompteda: *Ein hannoversch-englischer Offizier*, S. 285.

32 Wheatley: *Diary*, S. 66.

33 Ompteda: *Ein hannoversch-englischer Offizier*, S. 284.

34 Ompteda: *Ein hannoversch-englischer Offizier*, S. 282–283; von Wissel: *Ruhmwürdige Thaten*, S. 186.

35 Beamish: *Geschichte der Königlich Deutschen Legion*, Bd. II, S. 390.

36 Ompteda: *Ein hannoversch-englischer Offizier*, S. 283–284. Vermutlich hätte schon diese Attacke das Ende für das 5. Linienbataillon bedeuten können.

37 Ompteda: *Ein hannoversch-englischer Offizier*, S. 285.

38 Zu den Zahlen siehe Adkin: *Waterloo Companion*, S. 370, und Dehnel: *Erinnerungen deutscher Officiere*, S. 285.

39 Ompteda: *Ein hannoversch-englischer Offizier*, S. 285.

40 *Bericht des nassauischen 1. Regiments über die Ereignisse vom 15. bis zum 18. Juni*. In: Julius von Pflugk-Harttung: *Belle-Alliance (Verbündetes Heer). Berichte und Angaben über die Beteiligung deutscher Truppen der Armee Wellingtons an dem Gefechte bei Quatrebras und der Schlacht bei Belle-Alliance*. Berlin 1913, S. 198.

41 So Baring: *Erzaehlung der Theilnahme des 2. leichten Bataillons*, S. 78. Der zeitliche Ablauf wird von Schwertfeger: *Geschichte der Königlich Deutschen Legion*, Bd. I, S. 617, diskutiert.

42 Baring: *Erzaehlung der Theilnahme des 2. leichten Bataillons*, S. 79.

43 Lindau: *Erinnerungen*, S. 73.

44 Von Wissel: *Ruhmwürdige Thaten*, S. 131.

45 Baring: *Erzaehlung der Theilnahme des 2. leichten Bataillons*, S. 80.

46 Baring: *Erzaehlung der Theilnahme des 2. leichten Bataillons*, S. 80–81.

47 Beamish: *Geschichte der Königlich Deutschen Legion*, Bd. II, S. 395.

48 Baring: *Erzaehlung der Theilnahme des 2. leichten Bataillons*, S. 81.

49 Baring: *Erzaehlung der Theilnahme des 2. leichten Bataillons*, S. 82.

Kapitel 6 – Mann gegen Mann

1 Wheatley: *Diary*, S. 68.

2 Beamish: *Geschichte der Königlich Deutschen Legion*, Bd. II, S. 396.

3 Baring: *Erzaehlung der Theilnahme des 2. leichten Bataillons*, S. 82.

4 Lindau: *Erinnerungen*, S. 75.
5 Schwertfeger: *Geschichte der Königlich Deutschen Legion*, Bd. I, S. 618.
6 Lindau: *Erinnerungen*, S. 73.
7 Baring: *Erzaehlung der Theilnahme des 2. leichten Bataillons*, S. 83.
8 Von Wissel: *Ruhmwürdige Thaten*, S. 183.
9 Zu Mevius, Lindhorst und Lindenau siehe von Wissel: *Ruhmwürdige Thaten*, S. 131.
10 Lindau beschreibt, wie Graeme Frank rettet: *Erinnerungen*, S. 74. Graemes Darstellung über seine Rettung findet sich bei Brett-James. Ich vermute, dass sich die beiden Vorfälle getrennt voneinander ereigneten und nicht von den Zeugen vermischt oder falsch erinnert wurden, was immerhin möglich wäre.
11 Von Wissel: *Ruhmwürdige Thaten*, S.135.
12 Von Pflugk-Harttung: *Belle-Alliance*, S. 198.
13 Schwertfeger: *Geschichte der Königlich Deutschen Legion*, Bd. I, S. 619.
14 Lindau: *Erinnerungen*, S. 74.
15 Von Wissel: *Ruhmwürdige Thaten*, S.132.
16 Baring: *Erzaehlung der Theilnahme des 2. leichten Bataillons*, S.84.
17 Brett-James: *Napoleon's Last Campaign*, S. 146.
18 Kincaid: *Adventures*, S. 168. Zur gegnerischen Seite siehe Field: *Waterloo. The French Perspective*, S. 170–175.
19 Leach: *Rough Sketches*, S. 390.
20 Cotton: *A Voice*, S. 97–99.
21 Schwertfeger: *Geschichte der Königlich Deutschen Legion*, Bd. I, S. 621, nimmt an südlich des Hofes, während die Beschreibung des Augenzeugen Lieutenant Pontéecourlant (die sich vermutlich auf dieselbe Batterie bezieht) eine Stellung westlich davon annimmt; siehe Field: *Waterloo. The French Perspective*, S. 173.
22 Nach Barbero: *The Battle*, S. 320.
23 Siehe die Darstellung des Vermessungsingenieurs W. B. Craan: *An Historical Account of the Battle of Waterloo Intended to Explain and Elucidate the Topographical Plan*. London 1817.
24 Kincaid: *Adventures*, S. 170. Siehe auch Leach: *Rough Sketches*, S. 391.
25 Nach Field: *Waterloo. The French Perspective*, S. 175.
26 Baring: *Erzaehlung der Theilnahme des 2. leichten Bataillons*, S. 84.
27 Ompteda: *Ein hannoversch-englischer Offizier*, S. 286.
28 Dehnel: *Erinnerungen deutscher Officiere*, S. 290.
29 Lindau: *Erinnerungen*, S. 74.
30 Siehe Barbero: *The Battle*, S. 315.

31 Wheatley: *Diary*, S. 70.
32 Siehe Ompteda: *Ein hannoversch-englischer Offizier*, S. 287.
33 Die Beschreibung Bergers ist nachzulesen in Ompteda: *Ein hannoversch-englischer Offizier*, S. 288.
34 Wheatley: *Diary*, S. 71.
35 Cotton: *A Voice*, S. 89.
36 Baring: *Erzaehlung der Theilnahme des 2. leichten Bataillons*, S. 86.
37 Zitiert nach Barbero: *The Battle*, S. 345.
38 Dehnel: *Erinnerungen deutscher Officiere*, S. 291.
39 Baring: *Erzaehlung der Theilnahme des 2. leichten Bataillons*, S. 87.
40 Zitiert nach Dehnel: *Erinnerungen deutscher Officiere*, S. 291.
41 Siehe die Darstellung in Barings umfassendstem Bericht: *Geschichtliche Darstellung*. HStAH Hann. 38D 237, fol. 437–438.
42 *Bericht des nassauischen 1. Regiments über die Ereignisse vom 15. bis zum 18. Juni*. In: Pflugk-Harttung: *Belle-Alliance*, S. 199.
43 Wheatley: *Diary*, S. 72.
44 Leach: *Rough Sketches*, S. 394, beschreibt den Tag nach der Schlacht mit ziemlicher Gewissheit von seinem Aussichtspunkt in der Nähe des Bauernhofes aus.
45 Die Angaben finden sich in Riefkugel: *Effectiver Bestand*, HStAH Hann. 41.152, fol. 45.
46 Ich habe mir hier einige dramatische Freiheiten erlaubt; sie gründen sich auf die Darstellung in Baring: *Erzaehlung der Theilnahme des 2. leichten Bataillons*, S. 89–90.
47 So der Text von Georg Baumann: *Killed in the Battle of Waterloo. Names of the King's German Legion at the Waterloo Column at Hanover*. Ich danke Herrn Baumann für die Möglichkeit zur Einsichtnahme.
48 Eine ähnliche Erfahrung machte auch Kincaid; vergleiche Barbero: *The Battle*, S. 411.
49 Wheatley: *Diary*, S. 74.
50 Biedermann: *Erinnerungen*, Bd. I, S. 193–194.

Kapitel 7 – «Glut und Kern des Kampfes»

1 Barbero: *The Battle*, S. 423.
2 Ergänzend zu weiteren Beispielen über die zentrale Rolle von La Haye Sainte siehe den Bericht der Nassauer in Pflugk-Harttung: *Belle-Alliance*, S. 205.
3 So Fletcher: *A Desperate Business*, S. 116.
4 *Moniteur Universel*, Paris 23. Juni 1815.

5 So Wheatley: *Diary*, S. 67.

6 Die höchsten Verluste in der Königlich Deutschen Legion hatte Omptedas Brigade, hierzu Gray: *The Services of the King's German Legion*, S. 336.

7 Siehe John Keegan: *The Face of Battle*. London/New York 1976, S. 164–168.

8 Zu den Verlusten siehe Puffahrt (Hg.): *In der Schlacht von Waterloo gefallene Soldaten*, S. 70–77.

9 Ein Überblick aus jüngster Vergangenheit bei Edward Madigan: *Courage and Cowardice in Wartime*. In: *War in History* 20/2013, S. 4–6.

10 Zum ursprünglichen militärsoziologisch verwendeten Begriff siehe Edward A. Shils/Morris Janowitz: *Cohesion and Disintegration in the Wehrmacht in World War II*. In: *Public Opinion Quarterly* 1948, S. 280–315, besonders S. 283–288. Eine neue Diskussion zu dieser umfangreichen Debatte enthält Guy L. Siebold: *The Essence of Military Group Cohesion*. In: *Armed Forces and Society* 33/2007, S. 286–294.

11 Eine eindrückliche Beschreibung dieses Phänomens im Zweiten Weltkrieg bei Robert S. Rush: *Hell in Huertgen Forest. The Ordeal and Triumph of an American Infantry Regiment*. Lawrence 2001.

12 Zur Bedeutung ideologischer Motive siehe Omer Bartov: *The Eastern Front 1941–1945. German Troops and the Barbarisation of Warfare*. New York 2001.

13 Siehe Kurt Ihlenfeld (Hg.): *Preußischer Choral. Deutscher Soldatenglaube in drei Jahrhunderten*. Berlin 1935, S. 81–113 zu den Napoleonischen Kriegen. Angaben zu den Hannoveranern im Besonderen finden sich nicht.

14 Diese Einsicht verdanke ich Ilya Berkovich. Einige interessante Überlegungen zum Begriff der «Ehre» und zur Verteidigung von La Haye Sainte finden sich bei Mastnak/Tänzer: *Diese denckwürdige und mörderische Schlacht*, S. 52.

15 Michael Broers: *«Civilized, Rational Behaviour»? The Concept of Surrender in the Revolutionary and Napoleonic Wars 1792–1815*. In: Hew Strachan/Holger Afflerbach (Hg.): *How Fighting Ends. A History of Surrender*. Oxford 2012, S. 229–238, besonders S. 232.

Kapitel 8 – Das Vermächtnis – ein «deutscher Sieg»?

1 Siehe die gedruckten *General Orders of the Field Marshal Duke of Cambridge*, Headquarters, HStAH Hann. 38D 237, fol. 111.

2 Manfred Bresemann: *The King's German Legion 1803–1816 and the British Traditions Handed Down by the Legion to the Royal Hanoverian Army up to 1866*. Typoskript NAM-355-453-3, S. 14.

3 Zitiert in Schwertfeger: *Peninsula*, S. 27.

4 In dieser Frage bin ich Jasper Heinzen zu großem Dank verpflichtet: *Transnational Affinities and Invented Traditions: The Napoleonic Wars in British and Hanoverian Memory 1815–1915*. In: *English Historical Review*, Bd. CXVII, Nr. 529/2012, S. 1404–1434.

5 Doctor Wilhelm Blumenhagen: *Waterloo. Eine vaterlaendische Ode*. Hannover 1816.

6 *Hannoversches Magazin*, 19.4.1816. Zur Lage in Preußen siehe Christopher Clark: *The Wars of Liberation in Prussian Memory: Reflections on the Memorialisation of War in Early Nineteenth-Century Germany*. In: *Journal of Modern History* 68/1996, S. 550–576.

7 *Hannoversches Magazin*, 6.1.1830.

8 Siehe Marianne Zehnpfennig: *Waterloomonument und Bauten am Waterlooplatz*. In: Harold Hammer-Schenk/Günther Kokkelink (Hg.): *Laves und Hannover. Niedersächsische Architektur im neunzehnten Jahrhundert*. Hannover 1989, S. 295–302; und allgemeiner Gerhard Schneider: «... *nicht umsonst gefallen*»? *Kriegerdenkmäler und Kriegstotenkult in Hannover*. In: *Hannoversche Geschichtsblätter*, Sonderband, Hannover 1991, S. 31–47.

9 Ich folge hier der Beschreibung von Stella Child in *Editorial Comment*. Bexhill Hanoverian Study Group, *Newsletter* 43/April 2005, S. 1.

10 Siehe *Berechnung über Einnahmen und Ausgaben des King's German Legion Unterstützungsfonds*, 1. Januar bis 31. Dezember 1863, Hannover 5.2.1864. In: HStAH Hann. 91, Nachlass Cordemann I, Nr. 1, fol. 211–214.

11 Wie festgehalten in *List of Officers of the King's German Legion Who Have Died Since the Disbandment of that Corps on the 24. February 1816*, HStAH Hann. 38D 243, fol. 23–24.

12 Die Angaben in diesem und dem folgenden Abschnitt sind drei Typoskripten von Terry Cooper im National Army Museum entnommen, die anderweitig verfügbare Informationen auf den neuesten Stand bringen und bestätigen: *The King's German Legion Waterloo Roll Call*. 1992, NAM 9303-27; *The King's German Legion Waterloo Roll of Officers*. York 1998, NAM 1998-10-268-1; *Officers of the King's German Legion 1803–1806*. York 1999, NAM 1999-03-138-1-1.

13 So Heise an Benne, 3.11.1841 [ohne Ortsangabe]. In: Glover (Hg.): *Letters from the Battle of Waterloo*, S. 234.

14 Dieser Abschnitt gründet sich auf Bresemann: *The King's German Legion*, S. 1, 19, 24 et passim. Siehe auch Joachim Niemeyer: *Königlich Hannöversches Militär 1815–1866*. Beckum 1992, S. 5.

15 Eine Einführung zum Gegenstand «historische Erinnerung in Deutschland» findet sich bei Alon Confino: *Telling About Germany: Narratives of Memory and Culture*. In: *Journal of Modern History* 76/2004, S. 389 – 416.

16 Meine Überlegungen hierzu sind stark beeinflusst von Jasper Heinzen: *Hohenzollern State-Building in the Province of Hanover 1866–1914*. Unveröffentlichte Dissertation, University of Cambridge 2010, besonders S. 116–128. Die Doktorarbeit hat mir auch alle Zeitungsartikelreferenzen zu den Feiern zum Jahrestag 1915 geliefert.

17 Siehe John C. G. Roehl: *Der Kaiser und England*. In: Wilfried Rogasch (Hg.): *Victoria and Albert, Vicky & The Kaiser*. Ostfildern-Ruit 1997, S. 165–186.

18 Schwertfeger: *Peninsula*, S. 3.

19 Siehe Baring: *Geschichtliche Darstellung der Vertheidigung*.

20 Siehe Schneider: *«… nicht umsonst gefallen»?*

21 Siehe auch Wilhelm Pessler: *Deutsche Waterloo-Erinnerungen im Vaterländischen Museum der Stadt Hannover*. In: *Hannoversche Geschichtsblätter* 18/1915, S. 293–338; ders.: *Die Waterloo-Jahrhundert-Ausstellung im Vaterländischen Museum der Stadt Hannover*. In: *Hannoversche Geschichtsblätter*, 18/1915, S. 389–416.

22 *Besuch von Waterloo*. In: *Hannoverscher Kurier* 18. Juni 1915, Nr. 31836, Abendausgabe, S. 5, und: *Die Waterloo-Ausstellung des Vaterländischen Museums*. In: *Hannoverscher Kurier*, 17. Juni 1915, Nr. 31834, S. 5.

23 Siehe Jasper Heinzen: *A Negotiated Truce: The Battle of Waterloo in European Memory Since the Second World War*. In: *History and Memory* 26, 1/2014, S. 39–74.

24 Siehe Field: *Waterloo. The French Perspective*, S. 3.

25 Charras: *Histoire*, S. 279.

26 *A la mémoire des combatants françois qui se sacrifierent heroiquement devant les murs de la Haie Sainte le 18 Juin 1815*.

27 Ein Modell zum wahrscheinlichen Aussehen des ursprünglichen Schlachtfeldes wurde von einem Team aus Landvermessern und Archäologen erstellt, siehe hierzu: Daniel Schnurr/James Kavanagh/Paul Hill: *Wellington était-il géomètre? RTK GPS*

révèle Waterloo. 2003, besonders S. 5–11, zu finden unter http://www.fig.net/pub/fig_2003/ts_19/pp19_3_schnurr_et_al.pdf [trotz des französischen Titels handelt es sich um einen englischen Text].

28 Schon Victor Hugo hatte die Veränderung bemerkt: Hugo: *Die Elenden*, Bd. 3, S. 37. Die Perspektive eines kenntnisreichen modernen Führers zum Schlachtfeld in Buttery: *Waterloo. Battlefield Guide*, S. 3–4 und 63–64.

29 *Waterloo. Histoire d'une bataille*. Ein Film von Jérôme Waquet.

30 Dazu: Peter Hofschröer: *Wellington's Smallest Victory. The Duke, the Model Maker and the Secret of Waterloo*. London 2004.

31 Z.B. Manfred Schlenke: *England und das friderizianische Preussen 1740–1763. Ein Beitrag zum Verhältnis von Politik und öffentlicher Meinung im England des 18. Jahrhunderts*. Freiburg/München 1963.

32 *General Orders of the Field Marshal Duke of Cambridge*, Headquarters, HStAH Hann. 38D 237, fol. 111.

33 Kincaid: *Adventures*, S. 171–172.

34 Leach: *Rough Sketches*, S. 390.

35 Julius von Pflugk-Harttung: *Vorgeschichte der Schlacht bei Belle-Alliance*. Berlin 1903, S. 1.

36 Zitiert in Charles Moore: *Still Skirmishing Over the Battle of Waterloo*. In: *Daily Telegraph* 15.9.2013.

37 Runnebaum: *General Graf Carl von Alten*.

38 Hugo: *Die Elenden*, Bd. 3, S. 68.

Anhang

Historische Notiz

1 Weller: *Wellington at Waterloo*.

2 Keegan: *The Face of Battle*, S. 117–203.

3 Barbero: *The Battle*. Adkin: *Waterloo Companion*.

4 Torsten Riotte: *Hannover in der britischen Politik (1792–1815). Dynastische Verbindung als Element außenpolitischer Entscheidungsprozesse*. Münster 2005; Christopher D. Thompson: *The Hanoverian Dimension in Early Nineteenth-Century British Politics*. In: Simms/Riotte (Hg.): *The Hanoverian Dimension*, S. 86–110; siehe auch die Quellensammlung von Klaus-Jürgen Bremm: *Die königlich Deutsche Legion 1803–1816*. Dokumente zur Militärgeschichte. Deutsches Militärarchiv (o. O., o. J.); Hofschröer: *The Hanoverian*

Army of the Napoleonic Wars.; ders.: *1815. The Waterloo Campaign.*; Wishon: *German Forces and the British Army.*

5 Eine sehr lebendige Beschreibung findet sich bei: Andrew Uffindell / Michael Corum: *On the Fields of Glory. The Battlefields of the 1815 Campaign*. London 1996, S. 117–131.

6 Barbero: *The Battle*, S. 149–156, 238–243, sowie S. 307–315.

7 Hofschröer: *1815. The Waterloo Campaign*, S. 89–92, 104–105, 131–135. Gray: *The Services of the King's German Legion*, S. 337–350, liefert wertvolle Hintergrundinformationen, trägt zur Schlacht selbst aber nicht viel bei.

8 Siehe Martin Mittelacher: *Die Nassauer bei Waterloo.* In: *Nassauische Annalen* 109 / 1998, S. 265–275; Jochem Rudersdorf: *Prinz Wilhelm von Oranien, Wellington und die Nassauer bei Quatre-Bras und Waterloo.* In: *Nassauische Annalen* 120 / 2009, S. 279–320.

9 Mastnak / Tänzer: *«Diese denckwürdige und mörderische Schlacht»*, S. 5–7.

10 Coppens / Courcelle: *La Haie Sainte. Waterloo 1815.*

Zum zeitlichen Ablauf

1 Wilhelm von Schnehen an Major Bremer, Gr. Schmeen, 11.11.1824; HStaH Hann. 41.152, fol. 7.

2 Heise an Benne, Hannover, 24.1.1841. British Library, Additional Manuscripts [Add Mss] 34707.

Zu den Quellen

1 Johann Wolfgang von Goethe, Einführung zu: Johann Christian Mämpel: *Der junge Feldjäger in französischen und englischen Diensten während des spanisch-portugiesischen Kriegs von 1806 bis 1816*. Leipzig 1826, Bd. 1, S. V.

2 Sie befinden sich in der British Library unter den Additional Manuscripts 34703–8. Eine schöne Auswahl enthält Glover (Hg.): *Letters from the Battle of Waterloo.*

3 Von Pflugk-Harttung: *Belle-Alliance*, S. 106–111, 117, 120–126, 195–200, 257–258.

4 Glover (Hg.): *The Waterloo Archive II. German Sources*. Der fünfte Band der Reihe, der sehr verdienstvolle Übersetzungen noch nicht publizierter deutschsprachiger Quellen enthält, erschien, nachdem die erste Fassung dieses Buches abgeschlossen war: Glover (Hg.): *The Waterloo Archive V. German Sources.* London 2013.

5 Field: *Waterloo. The French Perspective,* S. 51, 57, 89–96, 170–175.

6 Baring: *Erzaehlung der Theilnahme des 2. leichten Bataillons;* ders.: *Geschichtliche Darstellung der Verteidigung von La Haye Sainte.*

7 Sie befinden sich im Hannoverschen Hauptstaatsarchiv unter HStaH Hann. 38D 243.

8 Lindau: *Erinnerungen.*

9 Von Wissel: *Ruhmwuerdige Thaten.* Siehe auch: *Auszüge aus den Papieren des König Guelphen Ordens* [sic] *ausgezeichnete Thaten von Unteroffizieren und Mannschaften der K.G.Legion betreffend 1803 bis 1816,* HStAH Hann. 38D 239, fol. 4 (betrifft die Rolle der Offiziere).

10 Überlegungen hierzu finden sich bei Mastnak/Tänzer: *Diese denckwürdige und mörderische Schlacht,* S. 6, Leighton S. James: *Witnessing the Revolutionary and Napoleonic Wars in German Central Europe.* Basingstoke 2013, S. 5–6; und (allgemeiner) Michael Epkenhans/Stig Förster/Karen Hagemann (Hg.): *Militärische Erinnerungskultur. Soldaten im Spiegel von Biographien, Memoiren und Selbstzeugnissen.* Paderborn 2006.

Bibliographie

Adkin, Mark: *The Waterloo Companion*. London 2001.

Anonymus: *Erinnerungen eines Legionärs oder Nachrichten von den Zügen der Deutschen Legion des Königs (von England) in England, Irland, Dänemark, der Pyrenäischen Halbinsel, Malta, Sicilien und Italien. In Auszügen aus dem vollständigen Tagebuche eines Gefährten derselben*. Hannover 1826.

Aspinall, Arthur / Smith, Ernest Anthony (Hg.): *English Historical Documents: 1783–1832*. Oxford 1959.

Barbero, Alessandro: *The Battle. A History of the Battle of Waterloo*. London 2003.

Barbero, Alessandro: *The Battle: A New History of Waterloo*. London 2005.

Baring, Georg: *Erzaehlung der Theilnahme des 2. leichten Bataillons der koenigl. Deutschen Legion an der Schlacht von Waterloo*. In: *Hannoversches Militairisches Journal*. Hannover, Erstes Heft 1831, S. 69–90.

Bartov, Omer: *The Eastern Front 1941–1945. German Troops and the Barbarisation of Warfare*. New York 2001.

Baumann, Georg: *Dr. Georg Hartog Gerson*. Bexhill Hanoverian Study Group: *Newsletter* 49 / April 2008.

Beamish, North Ludlow: *History of the King's German Legion*. 2 Bde., London 1832–37; ders.: *Geschichte der Königlich Deutschen Legion*. 2 Bde., Berlin 2. Aufl. 1906.

Bexhill Hanoverian Study Group: *Proposals for Enlisting Recruits from Amongst Prisoners of War in England for the King's German Legion*, Horse Guards, 17.10.1811. In: *Newsletter* 44 / November 2005.

Bexhill Hanoverian Study Group (Dr. Vernon): *The King's German Legion, Marriages 1804–1814*. St. Peter's Church, Bexhill on Sea, Sussex.

Bexhill Hanoverian Study Group Records: *Monthly Returns of Quarters of H.M. Troops as Applicable to Bexhill from 1795–1819.*

Bexhill on Sea Museum, Local History Folder A/HF20 (Heiratsverzeichnis).

Biedermann, Emanuel: *Erinnerungen, Wanderungen, Erfahrungen und Lebensansichten eines froh- und freisinnigen Schweizers.* 2 Bde., Trogen 1828/1829.

Blanning, Timm: *18. Juni 1815: Waterloo.* In: Etienne François/Uwe Puschner (Hg.): *Erinnerungstage. Wendepunkte der Geschichte von der Antike bis zur Gegenwart.* München 2010, S. 163–185.

Blumenhagen, Wilhelm: *Waterloo. Eine vaterlaendische Ode.* Hannover 1816.

Bosch, Glenn van den: *The Importance of Maps at the Battle of Waterloo.* In: *Brussels International Map Collectors' Circle*, Mai 2008, S. 15–17.

Boyden, Peter B.: *The King's German Legion and Their Bankers.* Typoskript.

Bremm, Klaus-Jürgen: *Die königlich Deutsche Legion 1803–1816.* Dokumente zur Militärgeschichte. Deutsches Militärarchiv (o. O., o. J.).

Brett-James, Antony (Hg.): *Napoleon's Last Campaign from Eye-Witness Accounts.* London 1964.

Broers, Michael: *«Civilized, Rational Behaviour»? The Concept of Surrender in the Revolutionary and Napoleonic Wars 1792–1815.* In: Hew Strachan/Holger Afflerbach (Hg.): *How Fighting Ends. A History of Surrender.* Oxford 2012, S. 229–238.

Buttery, David: *Waterloo. Battlefield Guide.* Barnsley 2013.

Canler, Louis: *Mémoires de Canler, ancien chef du service de sureté.* Brüssel/Leipzig 1862.

Chappell, Mike: *The King's German Legion 1803–1812.* Oxford 2000.

Charras, Jean: *Histoire de la campagne de 1815.* Brüssel 1858.

Clark, Christopher: *The Wars of Liberation in Prussian Memory: Reflections on the Memorialisation of War in Early Nineteenth-Century Germany.* In: *Journal of Modern History* 68/1996, S. 550–576.

Confino, Alon: *Telling About Germany: Narratives of Memory and Culture.* In: *Journal of Modern History* 76/2004, S. 389–416.

Cooper, Terry: *Officers of the King's German Legion 1803–1816.* Typoskript, York 1999.

Coppens, Bernard/Courcelle, Patrice: *La Haie-Sainte. Waterloo 1815.* In: *Carnets de Campagne* 3/2000.

Cotton, Edward: *A Voice from Waterloo.* London 1974.

Craan, Willem Benjamin: *An Historical Account of the Battle of Waterloo Intended to Explain and Elucidate the Topographical Plan*. London 1817.
Davies, Huw J.: *Wellington's Wars. The Making of a Military Genius*. New Haven / London 2012.
Dehnel, Heinrich: *Erinnerungen deutscher Officiere in britischen Diensten aus den Kriegsjahren 1805 bis 1816. Nach Aufzeichnungen und mündlichen Erzählungen zusammengetragen und mit einzelnen geschichtlichen Erläuterungen begleitet*. Hannover 1864.
Divall, Carole: *Napoleonic Lives. Researching the British Soldiers of the Napoleonic Wars*. Barnsley 2012.
Drouet, Jean Baptiste: *Vie militaire écrit par lui-même et dédiée à la ville de Rheims*. Paris 1844.
Eliot-Wright, Philipp: *Rifleman. Elite Soldiers of the Wars Against Napoleon*. London 2000.
Epkenhans, Michael / Förster, Stig / Hagemann, Karen (Hg.): *Militärische Erinnerungskultur. Soldaten im Spiegel von Biographien, Memoiren und Selbstzeugnissen*. Paderborn 2006.
Field, Andrew W.: *Waterloo. The French Perspective*. Barnsley 2012.
Fletcher, Ian: *A Desperate Business. Wellington, the British Army and the Waterloo Campaign*. Staplehurst 2001.
Forrest, Alan: *Napoleon's Men. The Soldiers of the Revolution and Empire*. London / New York 2002.
François, Etienne / Puschner, Uwe (Hg.): *Erinnerungstage. Wendepunkte der Geschichte von der Antike bis zur Gegenwart*. München 2010.
Glover, Gareth (Hg.): *Letters from the Battle of Waterloo. The Unpublished Correspondence by Allied Officers from the Siborne Papers*. London 2004.
Glover, Gareth (Hg.): *The Waterloo Archive II. German Sources*. Barnsley 2010.
Glover, Gareth (Hg.): *The Waterloo Archive IV. British Sources*. Barnsley 2012.
Glover, Gareth (Hg.): *The Waterloo Archive V. German Sources*. London 2013.
Glover, Michael: *Wellington as Military Commander*. London 1968.
Gray, Daniel Savage: *The Services of the King's German Legion in the Army of the Duke of Wellington 1809–1815*. Diss., Florida State University 1970.
Grosse, Eduard / Otto, Franz: *Waterloo. Gedenkbuch an das glorreiche Jahr 1815*. Leipzig 1865.
Hagemann, Karen: *Francophobia and Patriotism: Anti-French Images and*

Sentiments in Prussia and Northern Germany during the Anti-Napoleonic Wars. In: *French History* 18,4/2004, S. 404–425.

Harding, Nicholas B.: *Hanover and British Republicanism*. In: Brendan Simms/Torsten Riotte (Hg.): *The Hanoverian Dimension in British History 1714–1837*. Cambridge 2007, S. 301–323.

Harris, Janet: *The KGL at Bexhill on Sea*. In: Gwen Davis (Hg.): *The King's German Legion. Records and Research*. Maidenhead 2000.

Hartmann, Julius von (jr.): *Der Königlich-Hannoversche General Sir Julius von Hartmann. Eine Lebensskizze*. Hannover 1858.

Heinecke, Friedrich: *Meine Abenteuer als Werber gegen Napoleon*. (Hg. Robert Walter). Hamburg 1925.

Heinzen, Jasper: *A Negotiated Truce: The Battle of Waterloo in European Memory Since the Second World War*. In: *History and Memory* 26,1/2014, S. 39–74.

Heinzen, Jasper: *Hohenzollern State-Building in the Province of Hanover 1866–1914*. Unveröffentlichte Dissertation, University of Cambridge 2010.

Heinzen, Jasper: T*ransnational Affinities and Invented Traditions: The Napoleonic Wars in British and Hanoverian Memory 1815–1915*. In: *English Historical Review*, Bd. CXVII, Nr. 529/2012, S. 1404–1434.

Heinzen, Jasper/Wishon, Mark: *A Patriotic Mercenary? Sir Julius von Hartmann as a Hanoverian Officer in British Service 1803–1816*. In: *Comparativ. Zeitschrift für Globalgeschichte und vergleichende Gesellschaftsforschung* 23,2/2013, S. 13–26.

Henegan, Sir Richard: *Seven Years' Campaigning in the Peninsula and the Netherlands from 1808 to 1815*. London 1846.

Hibbert, Christopher (Hg.): *The Wheatley Diary. A Journal and Sketch-Book Kept During the Peninsular War and the Waterloo Campaign*. London 1964.

Hirsch, August: *Georg Hartog Gerson. ADB* 9. Leipzig 1879.

Hofschröer, Peter: *The Hanoverian Army of the Napoleonic Wars*. Oxford 1989.

Hofschröer, Peter: *Waterloo 1815. Quatre Bras and Ligny*. Barnsley 2005.

Hofschröer, Peter: *1815. The Waterloo Campaign. The German Victory: From Waterloo to the Fall of Napoleon*. London 1999.

Hofschröer, Peter: *Wellington's Smallest Victory. The Duke, the Model Maker and the Secret of Waterloo*. London 2004.

Howarth, David: *A Near Run Thing. The Day of Waterloo*. London 1968.

Hugo, Victor: *Die Elenden*. Übers.: L. von Alvensleben, Berlin 2. Aufl. 1863.

Ihlenfeld, Kurt (Hg.): *Preußischer Choral. Deutscher Soldatenglaube in drei Jahrhunderten*. Berlin 1935.
Jacobi, Carl: *Erinnerungen aus dem Kriegsjahre 1815 und aus den Occupationsjahren 1816, 1817, 1818*. Hannover 1865.
James, Lawrence: *The Iron Duke. A Military Biography of Wellington*. London 1992.
Leach, Jonathan: *Rough Sketches of the Life of an Old Soldier.* London 1831.
Lindau, Friedrich: *Erinnerungen aus den Feldzügen der Königlich-deutschen Legion in Spanien, Portugal usw.* ND Wegberg 2006.
Linsingen-Gersdorff, B. von: *Aus Hannovers militärischer Vergangenheit*. Hannover 1880.
Keegan, John: *The Face of Battle.* London/New York 1976.
Kincaid, John: *Adventures in the Rifle Brigade in the Peninsula, France and the Netherlands from 1809 to 1815*. London 1830; Reprint Staplehurst 1998.
Macintyre, Ben: *Without Prussia We'd All be Speaking French.* In: *The Times*, 28.6.2013.
Madigan, Edward: *Courage and Cowardice in Wartime.* In: *War in History* 20/2013, S. 4–6.
Mämpel, Johann Christian: *Der junge Feldjäger in französischen und englischen Diensten während des spanisch-portugiesischen Kriegs von 1806 bis 1816*. Leipzig 1826.
Mason, Rowena: *Waterloo Battlefield in Belgium to Get £1 Million for 200th Anniversary.* In: *Daily Telegraph*, 26.6.2013.
Mastnak, Jens:: *Werbung und Ersatzwesen der Königlich Deutschen Legion 1803–1813*. In: *Militärgeschichtliche Zeitschrift* 60/2001, S. 119–142.
Mastnak, Jens: *Die Königlich Deutsche Legion 1803–1816. Lebenswirklichkeit in einer militärischen Formation der Koalitionskriege.* In: *Forschungen zur Hannoverschen Militärgeschichte.* Celle, erscheint Ende 2014.
Mastnak, Jens/Tänzer, Michael-Andreas: *«Diese denckwürdige und mörderische Schlacht»: Die Hannoveraner bei Waterloo*. Begleitpublikation zur Großdiorama-Ausstellung ‹Die Schlacht von Waterloo› in der Ehrenhalle der Hannoverschen Armee im Bomann Museum Celle. Celle 2003.
Mauduit, Hippolyte de: *Histoire des derniers jours de la grande armée: Souvenirs, documents et correspondance inédite de Napoléon en 1815*. Paris 1848.
Miller, David: *The Duchess of Richmond's Ball, 15. June 1815*. Staplehurst 2005.
Mittelacher, Martin: *Die Nassauer bei Waterloo.* In: *Nassauische Annalen* 109/1998, S. 265–275.

Moore, Charles: *Still Skirmishing Over the Battle of Waterloo*. In: *Daily Telegraph* 15.9.2013.
Niemeyer, Joachim: *Königlich Hannöversches Militär 1815–1866*. Beckum 1992.
Nofi, Albert A.: *The Waterloo Campaign, June 1815*. Cambridge, Mass., 1998.
Ompteda, Friedrich von (Hg.): *Politischer Nachlaß des hannoverschen Staats- und Cabinetsministers Ludwig von Ompteda aus den Jahren 1804 bis 1813*. Jena 1869.
Ompteda, Ludwig von (Hg.): *Ein hannoversch-englischer Offizier vor hundert Jahren. Christian Friedrich Wilhelm Freiherr von Ompteda. Oberst und Brigadier in der Königlich-Deutschen Legion. 26. November 1765 bis 18. Juni 1815*. Leipzig 1892.
Pelc, Ortwin: *Hamburg und Waterloo*. Museum für Hamburgische Geschichte, Heft 29 / 2000.
Poten, Bernhard von: *Des Königs Deutsche Legion 1803 bis 1816. Beiheft zum Militär-Wochenblatt* 11 / 1905.
Pessler, Wilhelm: *Deutsche Waterloo-Erinnerungen im Vaterländischen Museum der Stadt Hannover*. In: *Hannoversche Geschichtsblätter* 18 / 1915, S. 293–338.
Pessler, Wilhelm: *Die Waterloo-Jahrhundert-Ausstellung im Vaterländischen Museum der Stadt Hannover*. In: *Hannoversche Geschichtsblätter* 18 / 1915, S. 389–416.
Pfannkuch, Adolf: *Die königlich deutsche Legion 1803–1816*. Hannover 1926.
Pflugk-Harttung, Julius von: *Belle-Alliance (Verbündetes Heer). Berichte und Angaben über die Beteiligung deutscher Truppen der Armee Wellingtons an dem Gefechte bei Quatrebras und der Schlacht bei Belle-Alliance*. Berlin 1915.
Pflugk-Harttung, Julius von: *Vorgeschichte der Schlacht bei Belle-Alliance*. Berlin 1903.
Poten, Bernhard von: *Des Königs Deutsche Legion 1803 bis 1816. Beiheft zum Militär-Wochenblatt* 11 / 1905.
Poten, Bernhard von: *Georg Freiherr von Baring, Königlich Hannoverscher Generallieutenant 1773–1848: Ein Lebensbild auf Grund von Aufzeichnungen des Verstorbenen und von Mittheilungen der Familie. Beiheft zum Militär-Wochenblatt* 1 / 1898.
Puffahrt, Otto (Hg.): *In der Schlacht von Waterloo gefallene, verwundete und vermisste Soldaten aus der Hannoverschen Armee*. Lüneburg 2003.

Riotte, Torsten: *Die Entstehung der Königlich-deutschen Legion (1803–1806). Hannoversche Truppen in britischen Diensten während der Napoleonischen Kriege.* Magisterarbeit, Universität Köln 1999.

Riotte, Torsten: *Hannover in der britischen Politik (1792–1815). Dynastische Verbindung als Element außenpolitischer Entscheidungsprozesse.* Münster 2005.

Roehl, John C. G.: *Der Kaiser und England.* In: Wilfried Rogasch (Hg.): *Victoria and Albert, Vicky & The Kaiser.* Ostfildern-Ruit 1997, S. 165–186.

Rogasch, Wilfried (Hg.): *Victoria and Albert, Vicky & The Kaiser.* Ostfildern-Ruit 1997.

Rudersdorf, Jochem: *Prinz Wilhelm von Oranien, Wellington und die Nassauer bei Quatre-Bras und Waterloo.* In: *Nassauische Annalen* 120/2009, S. 279–320.

Runnebaum, Julius: *General Graf Carl von Alten: Ein Soldat Europas.* Hildesheim 1964.

Rush, Robert S.: *Hell in Huertgen Forest. The Ordeal and Triumph of an American Infantry Regiment.* Lawrence 2001.

Schlenke, Manfred: *England und das friderizianische Preussen 1740–1763. Ein Beitrag zum Verhältnis von Politik und öffentlicher Meinung im England des 18. Jahrhunderts.* Freiburg/München 1963.

Schnath, Georg: *Ausgewählte Beiträge zur Landesgeschichte Niedersachsens.* Hildesheim 1968.

Schnath, Georg: *Die Légion Hanovrienne: eine unbekannte Hilfstruppe Napoleons 1803–1811.* In: ders.: *Ausgewählte Beiträge zur Landesgeschichte Niedersachsens.* Hildesheim 1968, S. 280–329.

Schneider, Gerhard: *«… nicht umsonst gefallen»? Kriegsdenkmäler und Kriegstotenkult in Hannover.* In: *Hannoversche Geschichtsblätter*, Sonderband, Hannover 1991.

Schnurr, Daniel/Kavanagh, James/Hill, Paul: *Wellington était-il géomètre? RTK GPS révèle Waterloo.* 2003 (http://www.fig.net/pub/fig_2003/ts_19/pp19_3_schnurr_et_al.pdf).

Schwertfeger, Bernhard: *Geschichte der Königlich Deutschen Legion 1803–1816.* 2 Bde., Hannover 1907.

Schwertfeger, Bernhard: *Peninsula – Waterloo. Zum Gedächtnis der königlich-deutschen Legion.* Hannover 1914.

Shils, Edward A./Janowitz, Morris: *Cohesion and Disintegration in the Wehrmacht in World War II.* In: *Public Opinion Quarterly* 1948, S. 280–315.

Siborne, William: *The Waterloo Campaign 1815.* Birmingham 4. Aufl. 1848.

Siebold, Guy L.: *The Essence of Military Group Cohesion*. In: *Armed Forces and Society* 33/2007, S. 286–294.
Simms, Brendan/Riotte, Torsten (Hg.): *The Hanoverian Dimension in British History 1714–1837*. Cambridge 2007.
Simms, Brendan: *The Impact of Napoleon. Prussian High Politics, Foreign Policy and the Crisis of the Executive 1797–1806*. Cambridge 1997.
Simms, Brendan: *Three Victories and a Defeat. The Rise and Fall of the First British Empire 1714–1783*. London 2007.
Thompson, Christopher D.: *The Hanoverian Dimension in Early Nineteenth-Century British Politics*. In: Brendan Simms/Torsten Riotte (Hg.): *The Hanoverian Dimension in British History 1714–1837*, S. 86–110.
Thurn und Taxis, August von: *Aus drei Feldzügen. 1812 bis 1815*. Leipzig 1912.
Uffindell, Andrew/Corum, Michael: *On the Fields of Glory. The Battlefields of the 1815 Campaign*. London 1996.
Urban, Mark: *Rifles. Six Years with Wellington's Legendary Sharpshooters*. London 2003.
Vansittart, Jane (Hg.): *Surgeon James's Journals 1815*. London 1865.
Weller, Jac: *Wellington at Waterloo*. London 1967.
Wishon, Mark: *German Forces and the British Army. Interactions and Perceptions 1742–1815*. Basingstoke 2013.
Wissel, Ludwig von (Hg.): *Ruhmwürdige Thaten, welche in den letzten Kriegen von Unteroffizieren und Soldaten der englisch-deutschen Legion und der hannoverschen Armee verrichtet sind*. Hannover 1846.
Zehnpfennig, Marianne: *Waterloomonument und Bauten am Waterlooplatz*. In: Harold Hammer-Schenk/Günther Kokkelink (Hg.): *Laves und Hannover. Niedersächsische Architektur im neunzehnten Jahrhundert*. Hannover 1989, S. 295–302.

Bildnachweis

Vorsätze:	Die Verteidigung des Meierhofs La Haye Sainte bei Waterloo am 18. Juni 1815, Gemälde von Adolf Northen (1828–1876), © akg-images / Erich Lessing
Seite 15:	Getty Images / Hulton Archive
Seite 17:	© Peter Palm, Berlin (nach Bernhard Schwertfeger: *Geschichte der Königlich Deutschen Legion,* Hannover 1907, Bd. 1, S. 589, und Mark Adkin: *The Waterloo Companion,* London 2001, S. 367)
Seite 25:	Aus *Costume of the British Empire, according to the Last Regulations,* London 1815, Foto: Private Collection / The Stapleton Collection / Bridgeman Images
Seite 32:	Bomann-Museum Celle, Inv.-Nr. BM 57
Seite 35, 105:	Arbeitskreis Hannoversche Militärgeschichte
Seite 38, 52, 113:	akg-images
Seite 48 / 49:	© Peter Palm, Berlin (nach einer Karte von www.british battles.com)
Seite 57:	National Army Museum, London / Bridgeman Images
Seite 78:	Bomann-Museum Celle, Inv.-Nr. BF 30
Seite 116:	Aus William Mudford: *An Historical Account of the Campaign in the Netherlands ...,* London 1816, Tafel XIII, Foto: akg-images / British Library
Seite 130:	ullstein bild
Seite 131:	Wikimedia / Anne-theater
Seite 134:	© Michael-Andreas Tänzer, Arbeitskreis Hannoversche Militärgeschichte, 2012
Seite 141:	Universal Images Group / Universal History Archive / Getty Images
Seite 143:	© Michael-Andreas Tänzer, Arbeitskreis Hannoversche Militärgeschichte, 2001